600号 心理 | 总主编 谢斌

轻松上学

亲子沟通心理指南

主编　**曾庆枝　李黎**

上海交通大学出版社
SHANGHAI JIAO TONG UNIVERSITY PRESS

内容提要

本书从 75 个孩子成长过程中会遇到的养育难题入手，为家长提供科学的心理沟通方式和技巧。"看见孩子的情绪"聚焦孩子的情绪管理，"成长的烦恼"聚焦孩子成长过程中会遇到的教育难题，"爱在心口难开"探讨亲子间的亲密关系与界限问题，"谈学习，伤感情？"聚焦学习相关问题，"外面的世界很无奈"探讨如何正确引导孩子进行社交，"拥抱我们的身体与生命"讨论成长中与身体和生命相关的议题，"隐秘的角落"聚焦儿童青少年群体的常见心理问题及应对方式。全书通过案例、心理分析、应对策略等内容设置，为读者提供切实可行的亲子沟通指南，有效化解孩子的上学焦虑与适应困难，帮助孩子轻松应对校园生活。

图书在版编目（CIP）数据

轻松上学：亲子沟通心理指南 / 曾庆枝，李黎主编.
上海：上海交通大学出版社，2025. 8. --（"600 号心理"系列丛书）. -- ISBN 978 - 7 - 313 - 33058 - 1

Ⅰ. G78

中国国家版本馆 CIP 数据核字 2025RX6511 号

轻松上学：亲子沟通心理指南
QINGSONG SHANGXUE：QINZI GOUTONG XINLI ZHINAN

主　编：曾庆枝　李　黎
出版发行：上海交通大学出版社　　　　　　地　　址：上海市番禺路 951 号
邮政编码：200030　　　　　　　　　　　　电　　话：021 - 64071208
印　制：上海盛通时代印刷有限公司　　　　经　　销：全国新华书店
开　本：880 mm×1230 mm　1/32　　　　　印　　张：9.5
字　数：196 千字
版　次：2025 年 8 月第 1 版　　　　　　　印　　次：2025 年 8 月第 1 次印刷
书　号：ISBN 978 - 7 - 313 - 33058 - 1
定　价：68.00 元

编委会名单

序

唱着儿歌"小么小儿郎，背着书包上学堂，不怕太阳晒，也不怕风雨狂……"长大的几代人，可以回头细想一下，在陪伴子女健康成长并同步增长"学问"或者见识这事上，究竟还保有几分初心？

如今中国家庭的物质生活条件，乃至整个社会为孩子健康成长创造的"硬件"，与以往任何历史时期相比都已有了极大提升，但"小儿郎们"如何能真正做到每天"轻松上学"，却反倒成了全社会日益沉重的一个话题。2025 年出版的《中国国民心理健康发展报告（2023—2024）》显示，其调查的中小学学生中，抑郁风险随学段升高呈递增趋势，在轻度抑郁风险和抑郁高风险的青少年中，经常或每天不想上学的比例分别高达 20.2% 和 45.4%。换句话说，今天的孩子越长大越不开心、越不开心越不想进学堂。而从儿童青少年心理门诊的个案分析来看，那些不想进学堂的孩子，往往也更不开心……如此，进入了一个恶性循环。

改变这种状况的努力也越来越多，有医疗机构开设"拒学门诊""厌学门诊"的，有社会组织为休学孩子开发"亲子训练营"等项目的，还有学校举办"家长课堂"赋能培训的……这些努力大都瞄着一个靶标：与孩子学习能力（乃至学业水平）相关的心理健康。而目标对象也往往是以（心理）问题孩子为中心的核心家庭。

实际上，孩子无法"轻松上学"之所以成为社会持续关注却日益严重的"难题"，正是因为它无法简单归因，也没有简单高效的"解法"。家庭结构和养育方式、学校氛围、教育生态、社会环境乃至网络时代等，无一不可能产生或大或小的影响。但要从宏观到微观全系统性地去解决问题，目前无论在哪个环节上，恐怕都力所不逮。

是否我们就无能为力了呢？

这本小书的作者们没有气馁。在常年从事心理健康教育和健康促进工作的经验和技术积累基础上，他们收集整理了妨碍孩子轻松上学最常见的一些潜在因素，比如个性、依恋模式、心理韧性、人际关系、身心发育等，从现象和表现入手，循序渐进分析心理背景，提供应对思路和策略。整本书的巧妙之处在于：看上去像是给家长的指南，细读后对每个关心孩子成长的"利益相关者（stakeholder）"包括孩子本人来说，其实都能有助益；表面看并非在谈"上学"这件事，深读后会发现处处都跟"孩子上学"这件事有关，也正对应了前述的"系统性"思路。如果此问题所在体系中的每个人都如此尽其所能做些事，大家都"日拱一卒""涓滴成流"，破题的希望是否就更大呢？

作为国家精神疾病医学中心——上海市精神卫生中心健康

科普品牌的"600号心理"系列之一，继广受读者欢迎的《轻松上班》之后的这本《轻松上学》，似乎还隐含着作者和出版社的一个小"野心"：打造一套心理健康领域的"轻松"系列。在"松弛感"已然成为网络热词、成为许多人孜孜以求的生活状态之时，我们确实有理由期待更多专业性的、高质量的、能切实帮助压力下的人们轻松面对生活的科普作品。

谢斌

上海市精神卫生中心主任医师

上海交通大学心理学博士生导师

中华预防医学会精神卫生分会主任委员

全国应用心理专业学位研究生教育指导委员会副主任委员

目 录

外面的世界很无奈 / 167

看见孩子的情绪

我有一个哭包娃：帮助孩子合理表达负面情绪

场景重现 无处不在的"眼泪时刻"

美好的假日里，夕阳染红了海面。女儿妮妮蹲在沙滩上，正专注地用铲子堆砌她的"城堡"。突然，一个小朋友跑过来，不小心碰倒了沙堆，她的动作瞬间僵住，小嘴一撇，"哇"的一声大哭起来，眼泪像断了线的珠子，伤心地看着一地狼藉喊："爸爸，我的城堡没了，修不好了！"

这样的场景几乎每天都在上演：画画时涂错了颜色、吃饭时不小心把汤洒了、捉迷藏时找不到小伙伴……作为家长，我感到既心疼又无奈。在公共场合，孩子的哭声常让我手足无措；在家中，反复安抚却收效甚微。虽然我知道哭泣是孩子表达情绪的方式，但如此频繁的"眼泪攻势"让我感到困扰：遇到生活中的小挫折时，该怎么帮助她好好表达情绪呢？

心理视角 解读"爱哭娃"背后的情绪密码

孩子的情绪爆发并非"无理取闹"，而是受生理发展限制的结果。研究表明，人类大脑中负责情绪调节的前额叶皮质，直到 25 岁左右才完全成熟。因此，儿童青少年时期的大脑像一台"油门灵敏、刹车不足"的汽车——情绪说来就来还起伏不定，缺乏理性调控的能力。当沙堡被碰坏或画画出错时，孩子会瞬间陷入强烈的情绪旋涡，难以自我平复。

如果说大脑发展的"未完成时"是导致孩子情绪不稳定的生理原因，那么情绪词汇的匮乏则是因为能力和方法的缺失。学龄前儿童平均只能说出"开心、难过、生气"等少数情绪词汇，当他们遭遇"失望、委屈、焦虑"等复杂感受时，哭泣就成了唯一的表达出口。就像妮妮面对倒塌的沙堡，真正想说的是："我花了很长时间的心血被毁了，这让我很沮丧也很生气，我需要爸爸的帮助。"

家长工具箱　情绪表达百宝箱

● 情绪命名读心术

准备"情绪脸谱图"贴在家里，当孩子哭泣时，指着图谱温柔询问："现在你心里是住着伤心小精灵，还是生气小怪兽？"逐步教会孩子区分"委屈"和"失望"，"烦躁"和"焦虑"。

● 创意表达安全岛

在阳台角落布置画架、沙锤、毛绒玩偶。当孩子情绪激动时，引导她选择宣泄方式——把愤怒画成龙卷风、用沙锤打出心跳节奏，或者对着玩偶倾诉。

● 情景预演水晶球

家长可以告诉孩子，我们有个"水晶球"可以预测未来，接着通过角色扮演模拟挫折场景：用乐高小人演示"沙堡被碰倒"的情景，通过这种方式重演和改变挫折场景，和孩子一起一边表达情绪，一边用头脑风暴解决方法。

- 情绪调节魔法扫帚

想象用手掌从头顶到脚尖扫过身体，一边扫一边说："我把生气/伤心/害怕……都扫走"，想象把坏情绪扫进大海深处或者宇宙之外。

养育关键词 **情绪表达**

哭泣是孩子最原始的情绪表达方式，家长无须将其视为"问题"，而应视作教育的契机。教育的关键在于引导孩子从"只用眼泪说话"转向"多元表达"，如言语倾诉、表情和动作、艺术表达、行为宣泄等。

同时，孩子是敏锐的观察者，若家长遇事急躁、抱怨，孩子会模仿这种应对模式。相反，当家长平静地说："爸爸今天工作遇到困难，有点不开心。不过，我可以先深呼吸一下，再想想解决办法。"孩子便能潜移默化地学习理性处理情绪的方法。

小贴士

面对"哭包娃"，家长需要先做好自己的情绪准备，避免在情绪激动时讲道理，需要放下"立刻止哭"的焦虑，转而播种健康情绪的种子。

断腿的奥特曼：关于情感依恋的成长课

场景重现 **与玩具的"生离死别"**

5 岁的天天正举着奥特曼玩具在客厅上演奥特曼与怪兽大战。突然，"咔嚓"一声——奥特曼玩具的右腿从膝盖处断裂，红色、蓝色的塑料碎片散落一地。天天的笑容瞬间凝固，小手拼命尝试拼接断腿。我试图安慰他，他却尖叫着推开我："妈妈快救它！"看着无法完全修复的奥特曼，他的哭声撕心裂肺："我不买新的，就要这个！它陪我打败过怪兽……"

虽然玩具箱里堆满了完好的玩偶，但对天天来说它们都是"冒牌货"。他紧紧攥着断腿奥特曼蜷缩在角落，仿佛正在经历与亲密战友的生离死别。我的心揪成一团，同时也非常困扰：为什么一个玩具对孩子来说这么重要？

心理视角 **另一个"妈妈"**

孩子的世界里，心爱的玩具不仅仅是"物品"，有时还是类似另一个"妈妈"的存在。英国心理学家唐纳德·温尼科特（Donald W. Winnicott）提出，3—6 岁的孩子会依赖"过渡性客体"（如毛绒玩具、小毯子或特定玩偶），在它们的陪伴下学会不再依赖父母，从而走向独立世界。这些玩具承载着孩子的安全感，陪伴他们入睡、面对黑暗，甚至成为他们倾诉心事的"朋友"。幼儿的泛灵论思维让他们相信玩具有生命、会疼痛，就像真实的朋友一样。因此，天天看到的不是"玩具坏了"，而是"我的伙伴受伤了"。玩具的损坏触发了孩子的分离焦虑——就像失去重要的人一样，孩子会感到无助和悲伤。

家长工具箱 治愈玩具和心灵的魔法

当孩子因心爱玩具损坏而伤心不已时，家长可以通过以下两种方式，做到既尊重孩子的情感依恋，又帮助他们走出悲伤。

● 角色扮演

和孩子一起搭建"玩具急诊室"，将棉布当作绷带、把彩泥做成石膏。让孩子扮演医生，为"受伤"的奥特曼治疗。通过"拍 X 光（手电筒照射）""打石膏固定（裹上彩泥）"等游戏与孩子互动，最后颁发"诊疗证书"。角色扮演能让孩子从"失去者"转变为"救助者"，当孩子亲自参与"治疗"，他们会潜意识接受"伤害可以面对"的概念，而非一味沉浸在悲伤中。仪式化的过程还能赋予这段经历积极意义。

● 保存纪念物

帮助孩子将玩具变为纪念物。如把奥特曼的断腿改造成挂件或把玩具放入记忆盒，标注上"赛罗的勇气勋章"或"天天的英雄伙伴"等称号。定期和孩子回顾玩具的"英雄事迹"，如翻看玩具"生前"的"战斗照片"，聊聊它带来的快乐回忆等，把物品损坏转化为成长纪念。这种方式既尊重了孩子的情感依恋，又用具体手段帮助孩子完成心理过渡，让孩子明白：即使物品破损，美好的回忆也永远不会消失。

养育关键词　过渡性客体

心爱的玩具对孩子而言，不仅是玩伴，更是重要的过渡性客体。很多学龄前的孩子会自主选择毛毯、玩偶等特定物品作为情感依托的对象，这些物品能帮助孩子从依赖父母逐步走向独立。拥有健康过渡性客体经历的孩子，在后期社交中会表现出更强的情绪调节能力。对孩子来说，玩具损坏意味着自己失去了一个承载安全感与情感记忆的"无声的伙伴"。如果养育者能做到合理应对，那么既能尊重孩子的情感依恋，又能引导孩子完成心理过渡：从"必须完好无损"转变为"可以带着缺憾继续前行"，将依恋转化为内心的力量。

小贴士

对于孩子的过渡性客体，父母可以：

· 不必强行戒除，多数孩子6岁后会自然淡化对物品的情感依恋。

· 清洁物品前告知孩子，如："我们给小熊洗个澡。"

· 旅行或入园时主动建议孩子携带心爱的物品，降低环境给孩子带来的压力。

丢了一朵小红花：
激活孩子的内在动力

场景重现 小红花的含义

"妈妈，老师不喜欢我吗？"儿子踢着路边石子，像棵晒蔫的小草。我问了他好一会儿，才知道到底发生了什么。

幼儿园会用小红花奖励"乖"孩子——吃饭光盘、按时午睡、积极回答问题等能得到小红花，积攒的小红花可以兑换礼物。儿子很在意这个，不过他不是那种传统意义上很配合规则的孩子，饭吃不完他绝不硬塞，睡不着他也不假装闭眼。到了月末兑换日，看见别的孩子欢天喜地换到玩具，他的袋子却瘪瘪的，他心里很是失落。作为家长，我该怎么帮助孩子正确看待奖励，走出失落的情绪呢？

心理视角 小红花悖论

行为主义心理学中有个特别有意思的词，即"强化"，说通俗点儿就是：你做对了，我就给你点甜头，让你下次还想这么做。给你喜欢的，这叫正强化。例如孩子乖乖收拾玩具，你奖励他一颗糖。消除你不喜欢的，这叫负强化。例如只要一上车就系安全带，烦人的警报声就会停。这些招数短期内确实管用，孩子可能因此更愿意配合。但问题来了——如果总是靠

"糖"来哄，长此以往，孩子可能会忘记自己真正的需求，形成"没糖就不干"的心理。比如，本来收拾玩具是为了让自己居住的空间更整洁，但现在孩子只是为了"糖"才会收拾玩具；行为变得功利化，只选择做有奖励的事；压抑自己的真实需求，出现"吃不下硬塞"的情况；甚至扭曲自我评价体系，用奖励的多少来衡量自己的价值。其实，比外部奖励更重要的，是加强孩子的自主感和归属感，让他意识到："这是我想做的""这样做让我和别人更亲近"。同时，提升孩子的成就感和价值感也至关重要，要让他明白："我能做到！""我做这件事很有意义"。像这样有长期内在动力的孩子才能走得更远更稳。

家长工具箱　5步帮孩子重建内在动力

第1步　用共情接纳情绪

"没换到礼物你很难过，对吗？攒小红花就像攒钱，有人快，有人慢，但这和老师喜不喜欢你没关系。你知道吃饱就停，说明你很会照顾自己的身体，这就很棒了！"

目的	表达对孩子感受的理解，切断奖励和自我价值的关联，肯定健康行为本身的价值。
错误案例	"别难过，下次努力拿就是了。" 这样的表述否定了孩子的情绪，是在暗示孩子还做得"不够好"。

第❷步 设定成长小目标，激活内在动力

家长可以和孩子一起列"我的进步清单"，设定成长小目标，如：

· 今天主动回答了哪个问题？

· 午睡有没有比上周更安静？

目的 | 关注具体进步而非结果，培养孩子的自主能力，用成就感激活大脑，让孩子不再依赖奖励。

错误案例 | "那我们明天多吃点，争取拿到小红花！"
这样的表述忽视了孩子吃不下的真实感受。

第❸步 建立健康的家庭反馈系统

家长可以在家建立更健康的反馈系统，比如：

· 收拾玩具后："把家里收拾得干干净净，玩具们回家一定很开心！"

· 午睡后："睡醒是不是更有精神了？"

目的 | 让孩子从关注奖励转移到关注自我感受、行为本身的价值和自然结果上。

错误案例 | "幼儿园不给，那妈妈奖励给你。"
这样的表述是在暗示孩子拿不到小红花很丢脸，是在加重孩子的挫败感。

第4步 与老师沟通差异化奖励

"我家孩子很想要小红花，但他还在适应学校规则。他在其他方面表现优秀时，您能否鼓励一下？比如没午睡但不打扰他人，餐后帮忙整理餐具……"

目的 ｜ 减少孩子的挫败感，同时引导孩子的适应性行为。

错误
案例 ｜ "我家孩子很想要小红花，能不能象征性地给他也发几朵？"

这样的虚假表扬会降低奖励的公平性，弱化规则的意义，减弱孩子的内在动力。

第5步 培养健康的内在动力系统

家长的最终目标不是"配合拿到奖励"，而是帮助孩子获得：

- 自主感——饱了就不吃，我的身体我知道！
- 健康的评价标准——小红花不是好孩子的标准。
- 内在成就感——今天比昨天多安静 1 分钟，我超棒！
- 价值感——因为我做了××，大家更开心了。
- 归属感——和他们在一起，我很开心。

通过以上五步，让孩子既能适应集体规则，又能保护自我价值感，最终形成健康的内在动力系统。

养育关键词 激活内在动力

孩子不是为奖励奔跑的小木偶。当孩子主动收拾玩具时，别急着用零食奖励，上前拥抱并夸奖他："你把玩具整理得真棒！是不是想把小房间变得漂漂亮亮的呀？"家长要能看见孩子，尊重孩子的内在需求，也让他们看见自己的价值，找到主动探索世界的快乐，这才是滋养孩子成长的永恒力量。

小贴士

面对没有得到"小红花"的孩子，家长要看见他的努力，共情他的失落，问问他："今天有什么做得特别棒的事？做完有什么感受？"孩子的答案里就藏着他的内在动力。

"输不起"的小孩：心理韧性早期培养

场景重现 小孩真的输不起吗？

放学回家的路上，小宇一直低着头。往常他都叽叽喳喳讲个不停，今天却格外安静。一进门，他就狠狠地把书包砸在地上，冲进房间，一头扎进被窝里。我跟进去，只听到被子下传出压抑的抽泣声。轻轻掀开被子，看见小宇满脸泪痕，眼睛红红的："我……我准备了那么久……他们都不选我……我以后再也不参加竞选了！"我很心疼，一把将他搂进怀里，说："没关系，选不上我们就不选了"，怀里的小宇这时却哭得更大声了，怎么都哄不好。这让我很是头疼。

心理视角 输不起的背后

孩子的"输不起"往往和心理韧性有关。心理韧性（又称心理弹性、抗逆力、复原力）是指个体在面对压力、挫折或创伤时，能够有效适应并恢复心理健康的能力。心理韧性强的人通常具备以下3个特征：情绪调节能力强，即能较快地从负面情绪中恢复；归因方式积极，即倾向于将挫折视为暂时的、可改变的挑战；社会支持及利用度高，即懂得求帮助并建立支持网络。它不是一种与生俱来的"天赋"，而是一套可培养的心理技能。

心理韧性包含 3 个核心维度（3I）：

· 我是（I AM）：指内在信念、自我认同以及稳定的自我价值感，即"我知道我是谁，我值得被尊重/喜欢"。家长可以通过给予"无条件的爱"（如"无论是否当选，我们都爱你"），帮助孩子发现自身优势等方式协助孩子获得。

· 我能（I CAN）：指对自身能力的信心以及调动资源解决问题的能力。家长可以通过引导孩子分析失败原因，把大任务分解成若干小任务来积累成功体验等方式协助孩子获得。

· 我有（I HAVE）：指外部支持系统，即意识到自己拥有的外部支持（如家庭、朋友、社会资源等）。家长可以通过明确表达对孩子的支持，以及帮助孩子建立多元化的社会链接来实现。

家长工具箱 **借助 3I 模型应对"输不起"**

● **强化"I AM"**

遭遇失败后感到难过、愤怒、自我否定是自然的心理防御反应，是情绪调节的必经过程，因此不能否认诸如前文中小宇的情绪，而要让他接纳自己的感受。如：

▲ 描述情绪："妈妈知道你真的很重视这次机会，还为此准备了很长时间，所以特别难过。"（帮助孩子命名情绪，让头脑冷静下来）

▲ 接纳情绪："换作是妈妈，努力却还是失败了，也会很

难过。"（表达"有这样的情绪是正常的。"）此时孩子可能会哭得更厉害，这是他在释放情绪，无须阻止。

▲ **看见优势**："虽然落选了，但你很勇敢，我在你这个年龄可连台都不敢上，而且你的演讲稿也很有感染力"。（避免全盘否定自我）

▲ **避免否定**："就这点小事至于这么伤心吗！""别难过，选不上也没关系"……这种表达其实是在否定孩子的情绪和努力。如果家长不理解孩子，过早说教，只会适得其反。

• 发展"I CAN"

等孩子平静下来之后，家长应帮助他从积极的角度看待这次落选，植入成长型思维，并转化为具体的行动。比如：

"我发现这次竞选让你的表达能力提升了很多，还有……"（积极的角度）

"这次没选上只说明你'还在进步'，不是'永远不行'。你还记得你学自行车的时候摔过好多次吗？现在不是也骑得很好吗？"（成长型思维）

"这次竞选哪些地方做得好？哪里还可以改进？"（具体解决的行动）

• 巩固"I HAVE"

家长应提供支持和资源，让孩子感受到有家可依，比如"如果你需要帮忙，我们都在""你看要不要邀请你的好朋友来家里？"

"选不上就不选了。"

这种表达其实是在暗示"他真的做不到",会引导孩子通过逃避困难的方式来应对问题,无疑会加强孩子的无助感和自我否定。

养育关键词 心理调适力

有心理调适力并不等于孩子永远不会经历失败和脆弱,要让孩子学会与挫折共处。孩子输不起的背后往往藏着一颗渴望被认可的心。比起失败,孩子更害怕的是因此失去家长的爱和关注。所以,当孩子因为失败而大哭、想要放弃时,别急着说"没关系",而是要先看见并接纳他的感受,然后告诉他:"你这么在意,是因为你真的很认真地准备过呀!"把对"输赢"的关注转化为对他"优秀品质"的关注,孩子会慢慢懂得比结果更珍贵的,是那个全力以赴的自己。

小贴士

面对"输不起的娃",家长要成为他们的"脚手架"——接纳他的情绪,允许他犯错和失败,看见他的优势,不替他解决问题,让他知道:"你本身就很有力量,但如果你需要,我们一直都在。"

我家有个生气包：
情绪管理从小学起

场景重现 孩子为什么会生气？

"不要粉色，要蓝色，蓝色！"圆圆尖叫着推开粉色杯子，牛奶洒了一桌。刚换好杯子，她又跺脚哭喊："我要吃面条，为什么不是面条！"这样的场景每天都在上演。穿袜子接缝歪了，她就气呼呼地扔掉袜子；没给买喜欢的玩具，她就直接在商场打滚尖叫；一块积木没搭好，她就推倒所有的城堡；玩游戏输了，她就把棋盘掀翻，棋子甩得到处都是……明明都是小事，孩子却像随时会爆炸的气球。为什么会这样？作为家长，我是该严厉制止，还是该耐心安抚？

心理视角 "负面"情绪背后是未完成的需求

孩子的愤怒、悲伤等"负面"情绪，实际上是内心需求未被满足的信号。比如在玩具被抢时尖叫，可能是在寻求"被尊重"；在积木倒后发脾气，可能是因为渴望"掌控感"。孩子表达情绪的方式原始又激烈，主要受三方面因素影响：

发育程度：孩子的大脑前额叶皮质尚未发育成熟，难以理性控制情绪，但主管情绪的杏仁核却异常活跃，易引发激烈反应。年幼的孩子也常因认知能力有限，无法准确识别复杂情绪，缺乏应对策略。语言表达能力的不足导致他们只能用行为代替语言，加上缺乏社会经验，便无法实现更成熟的表达。

环境因素：不当的教养方式，如过度满足、粗暴压制、不良示范等，都会阻碍情绪调节能力的发展。家庭冲突、学业、同伴关系等压力，以及饥饿、疲劳、生病等身体不适，也会降低孩子的情绪控制力。

个体差异：高敏感或冲动型气质的孩子对刺激反应更强烈，需要更长的平复时间。

理解这些深层原因，才能更好地帮助孩子建立健康的情绪调节机制。

家长工具箱 如何从"灭火"到"读懂需求"

● 帮助孩子识别愤怒背后的真实情绪和需求

▲ 命名真实情绪，帮孩子整理混乱的情绪，了解和识别自己的感受。如：

"你看起来很生气（或各种情绪感受名词）"。

▲ 探索情绪的来源：你看来很 (情绪) +是因为 (事件) 吗？如：

"你看起来很生气，是因为积木搭错了吗?"

▲ 看到情绪下未被满足的需求：即探索是什么（事件）引起孩子的这种反应。可以用"发生的（事件）+猜测的需求"公式。如：

"你很想把积木搭好，可总是不成功，所以你很懊恼"。

▲ 接纳孩子的情绪：表达对他感受的理解。可用"用具体事件+情绪命名"的方式，让孩子感到被理解。如：

"试了这么多次还是搭不好，这确实让人着急"。

▲ 确认及理解孩子的需要：即孩子目前希望别人为他做什么。可以问孩子："你希望谁怎么帮你"，来帮助孩子表达。应避免使用以下表达方式：

"这有什么好生气的?"（否定感受）

"你脾气怎么这么差！"（贴标签，评判）

"别叫了！再叫小心我揍你！"（抑制情感表达）

"别闹了，我帮你买就是了。"（无原则满足需求，强化负面行为）

● 拓展情绪表达方式

▲ 提供"情绪表达工具"，家长可在日常生活中示范并请孩子练习语言表达。语言方式："我现在感到_____，因为_____，我希望_____。"如：

"我现在很生气，因为弟弟抢我玩具，我希望他先经过我的同意。"

非语言方式：画画、写情绪日记、捶打沙包（安全发泄）等。

▲ 示范健康的情绪管理，家长可以公开自己的情绪调节过程。如：

"爸爸今天工作不顺，所以去散步冷静一下。"

● 把握关键原则

▲ 情绪没有对错，但行为有界限（如"你可以生气，但不能打人"）。

▲ 需求≠必须满足，但需要被看见（如"妈妈知道你想吃糖，但今天已经吃过了，我们可以明天再吃"）。

▲ 长期目标：让孩子学会建立"情绪—需求—行动"的联结。

养育关键词 **情绪管理**

情绪管理包含情绪的识别、接纳、表达和调节。家庭在孩子情绪管理能力的养成中发挥着重要的作用。家长要：

· 做好孩子情绪的翻译官，帮孩子识别真实情绪，并把"情绪密码"转译成他可以理解的"需求语言"。

· 做好情绪教练，示范和带他练习健康的情绪管理方法。

· 成为孩子的安全基地，让孩子知道："即使你失控，我依然接纳你，并相信你能学会更好的方式。"最终让孩子能自己说："我很（情绪）""因为……""我需要……"通过持续示范和练习，孩子会逐渐从"用行为发泄"转换为"用语言表达需求"，发展出情绪自我调节能力。

小贴士

应对爱发脾气的孩子，先谈情再说事，先拥抱孩子的情绪，等平静下来之后再聊事情。请记住，负面情绪是孩子需求未满足、向外周求助的信号。但如果孩子频繁出现强烈且持久的"负面"情绪，伴随躯体、行为或其他心理异常症状，或严重影响到日常生活，建议尽早寻求专业帮助。

从自卑到自信：
如何提升自我效能感

场景重现 拒绝被录像的小雨

今天是我妈的六十大寿，我带着女儿小雨一起给她庆祝生日。在唱生日歌的环节，我叫小雨一起唱，可是小雨疯狂摇头，直接整个人躲进了沙发缝。我爸笑着说："还是三岁的小雨胆子大，现在上了小学，怎么越来越内向了。"小雨不说话，但是我能看到她攥紧了衣角在微微发抖。

我突然想到了以前学校老师给小雨的评价。老师观察到，上课的时候，每当老师向她提问，她都脸涨得通红，即便知道答案；大家都知道小雨唱歌好听，但是学校文艺演出的时候，小雨每次都疯狂摇头拒绝，说自己根本不行。小雨怎么就如此自卑了？

心理视角 自我效能感

自我效能感，这个词听起来有点学术，其实说的就是一个人"相信自己能行"的程度。这个信心会影响我们做事的动力和面对困难时的态度。相信自己能行的人，通常更愿意尝试挑战，也更容易取得好结果。

自我效能感主要来自4个方面：① 自己成功过，信心自然就足了；② 看到别人能行，也会想"我也可以"；③ 有人鼓励，心里更踏实；④ 心情好时，自然也更相信自己能搞定。

家长工具箱 用小任务点亮孩子的"我能行"信念

"妈妈，这个太难了！"面对孩子挫败的哭腔，家长的第一反应往往是代劳或安慰，但心理学家班杜拉的自我效能感理论提醒我们：真正的成长藏在"踮踮脚够得着"的挑战里。

• 精准设计"成功脚手架"

家长要像搭建积木般为孩子量身定制任务阶梯。3 岁幼童可以从"把袜子配对"开始，小学阶段可升级为"独立完成一周阅读计划"，青春期孩子则能尝试"策划家庭郊游"。关键在于任务难度要触发"适度焦虑"——既让孩子感到挑战，又能通过努力触摸到成功的果实。

• 过程性反馈比结果更重要

当孩子拼图卡壳时，与其说"你真聪明"，不如蹲下来指出："看，你已经把边缘块都找出来了！"这种具体化反馈能强化孩子对努力与成果的因果认知。

• 构建"失败友好"的环境

允许孩子在安全范围内犯错是关键。当孩子整理书架时打翻文具盒，家长可以邀请孩子一起分析原因："下次我们试试

分类摆放会不会更稳?"这种共情式引导比简单批评更能巩固
"错误是积累经验"的信念。

● 建立可视化成长档案

为孩子制作"我能做到"手帐,将完成的挑战写下来或
者用剪贴画展示。当孩子遭遇新挑战时,翻看手帐,能激活大
脑中多巴胺奖励回路,激发再次尝试的勇气。

养育关键词 ◎信培养

自信是孩子成长中最重要的心理基石之一。自信的培养并
非一蹴而就,而是需要家长在日常生活中通过细节的引导和环
境的塑造逐步实现。

· 成为孩子"自信的镜子"。当孩子完成任务或取得进步
时,我们要给予真诚的夸赞。与其泛泛地说"你真棒",不如
指出具体的努力点,比如"你今天整理书桌时把文具分类摆
放,这个方法很棒!"这种具体的反馈能让孩子清晰地看到自
己的能力,从而增强自信。

· 学会接纳孩子的失败。与其急着批评或代劳,不如蹲
下来和孩子一起分析问题,用"这次没做好没关系,我们下
次可以试试这个方法"代替"你怎么又做不好"。这种共情式
的引导能让孩子明白,失败是学习的一部分,而不是能力不足
的证明。

· 警惕"过度保护"或"过度批评"的倾向。过度保护

会让孩子失去试错的机会，而过度批评则可能让孩子形成"我不够好"的自我认知。自信的培养需要在"支持"与"挑战"之间找到平衡，让孩子在适度的困难中体验成长的力量。

自信不是天生的，而是逐渐积累起来的。家长的耐心陪伴和科学引导，是孩子自信成长的关键。

小贴士

握苗助长不可取，踮脚够得到是关键。在积累自信的过程中，需要给孩子他们有可能实现的目标或者任务，这样他们才能积累自信，而不是自卑。

从"玻璃心"到"不锈钢"：稳定自我价值的形成

场景重现　孩子的"玻璃心"

今天晚饭的时候孩子失魂落魄的，我问了他原因，原来老师只是批评了一下他的字写得不够认真，孩子就一整天都心情不好，甚至和我说他上课也听不进去。之前他的同学来家里玩也是，同学开玩笑说他游戏打得不好，孩子就立刻生气地跑开，还偷偷抹眼泪。看到这一幕，我的心都揪紧了，真怕这样敏感的性格会让他在人际交往中受伤。我不知该如何引导，他才能没那么"玻璃心"，好希望他不要那么敏感，快点学会正确看待他人评价。

心理视角　无处不在的比较

社会比较理论由社会心理学家费斯廷格提出，是个体评估自身意见和能力的重要途径。人们会通过与他人比较，来确定自己在群体中的位置和水平。这种比较分为向上比较、向下比较和平行比较。向上比较即与比自己优秀的人比较，虽可能引发自卑，但也能激发上进心；向下比较则易让人产生优越感，获得心理安慰。平行比较是与条件相似的人比较，利于客观评估自身状况。

社会比较不是坏事，而且是时时刻刻在发生的。然而，过度比较可能导致孩子过度在意别人的评价、非常敏感，根本原因还是孩子没有得到足够的肯定和安全感，所以把他人的评价看得格外重要，希望通过他人的认可来证明自己。

家长工具箱 助力孩子探索自我价值

想要让孩子摆脱对他人评价的过度依赖，核心还是让孩子切身体会到自己的价值是什么。以下是一份实用的自我价值探索活动指南，你可以和孩子一起开启这场发现之旅。

· 兴趣爱好大起底。找一张大纸，让孩子在左边列出所有自己感兴趣的活动，从绘画、运动到阅读、手工，不设限。家长可以示范说："我喜欢烹饪，因为能创造出美味佳肴。"然后引导孩子头脑风暴。

· 擅长领域清单。在纸张中间，和孩子一起梳理他擅长的事情，可能是数学、乐器演奏或安抚小动物。注意挖掘孩子容易忽视的隐性优势，如"每次弟弟哭闹时你都很有耐心地安慰他，这也是你的闪光点"。

· 成就档案收集。在右侧，引导孩子罗列从幼儿园到现在的成就，获奖证书、完成的大型手工、学会的新技能等皆可，让孩子明白成就不论大小，都是自我价值的证明。

兴趣爱好	擅长的事	成　就

将兴趣爱好、擅长领域、成就分别作为树根、树干、树叶，绘制一棵独一无二的自我价值树，与孩子交流感受，让孩子通过记录，愈发坚定自我认同，无惧他人目光，自信绽放光芒。

养育关键词 自我认同

自我认同是个体对自身身份、特征、能力等方面的认可与接纳，是心理健康的关键要素。对于孩子而言，建立积极的自我认同至关重要，它直接关联着自我价值感的形成。

在孩子慢慢认识自己的过程中，"别人怎么看我"和"我怎么看我自己"都很关键。作为父母，我们要理解孩子有时候会很在意别人的评价，这很正常。同时，也可以多和孩子聊聊家庭里的故事，告诉他们一些亲人身上的优点和坚持，让他们知道自己来自一个怎样的家庭，从中找到一些自豪感和方向感。最重要的是，要接受孩子可能会和我们不一样。他们有自己的兴趣、想法和人生路，我们要学会放手，让他们有足够的空间去探索、去尝试，找到真正的自己。

小贴士

想要不过分在意他人的评价，引导孩子关注自身的内在品质很重要，而且维度要多元，比如除了学业成就，他们还需要认可自己善良、勇敢、努力等不同方面的表现。

总是打翻"醋坛子"的孩子：超越自卑的成长挑战

场景重现　总是别人家的孩子好

那天朋友聚会，大家聊起孩子近况，我随口夸朋友家孩子："明明这次钢琴比赛又拿奖啦，真厉害！"话音未落，我儿子突然嘟起嘴，身子往椅背上一靠，满脸不高兴。我还没反应过来，他又猛地插话："他有什么好的！"声音又响又冲，满是愤怒，仿佛受了天大委屈。周围瞬间安静，我脸一红，又尴尬又不知所措。

我儿子平时乖巧懂事，这次咋反应这么激烈呢？他这么见不得别人被夸？我该怎么引导他心胸开阔点儿、大度点儿呢？

心理视角　自卑情结

从这个故事可以引申出"自卑情结"这一心理学概念。心理学家阿德勒认为，一个人行为的主要动力来自对自卑感的补偿和对优越感的追求。在聚会场景中，孩子因他人被夸赞而产生强烈情绪反应，正是因为内心存在自卑情结。当家长夸赞其他孩子时，自家孩子会不自觉地进行社会比较，这种比较可能触发孩子内心深处的自卑感，使其感到自己的价值被削弱，进而通过愤怒、不满等情绪来捍卫自己的自尊。这种反应反映出孩子对自我价值的不确定，以及对他人评价的过度依赖。要帮助孩子克服这种心理，家长需要引导孩子建立内在的自我认同，让孩子明白自己的价值并不依赖于与他人的比较。

（家长工具箱）**如何应对孩子的"醋坛子"？**

● **错误案例**

▲ 捧一踩一。

"你看明明真厉害！不像你，学了这么久，一个奖都没拿到。"

错误原因：表现出对自己孩子的不满，容易让孩子觉得被否定和忽视。

▲ 传递压力。

"明明真优秀！你什么时候也能拿个奖回来？"

错误原因：比较带有明显的期望和压力，容易让孩子焦虑。

▲ 全盘否定。

"明明多努力，你看你，整天就知道玩！"

错误原因：全盘否定自己孩子的努力，容易引发孩子的反感和抵触。

● **高情商沟通**

▲ 具体表扬。

"你上次画的那幅山水画很特别，你的努力爸爸妈妈也都看到了，你和明明都在闪闪发光。"

尤其对于幼儿和儿童，他们的抽象思考能力有限，所以这个阶段仍然需要以具体事件表扬孩子，不过可以强调进步，展望未来，这有利于孩子发展自信心。

▲ 平等对话。

"明明钢琴弹得好，可你在我眼里也很优秀呀！你以前设计的那个小程序让我看到你解决实际问题的能力真的很强。"

如果青少年比较自信，在这个阶段他们可以接受"我和其他人都是很好的"这样的概念。我们就需要更平等地与孩子交流，培养他们对自己的认同，形成积极心态。

养育关键词　超越自卑

孩子天然会和别人比较，发现自己在成就、外貌或者其他方面不如别人而自卑是正常的。而听不得家长说别人好也是因为他们感觉自己没有获得过足够多的来自家长的肯定。

为了帮助孩子超越自卑，家长应首先接纳孩子的不完美，以平和的态度倾听孩子的感受，让他们明白失败和挫折是成长过程中的正常现象。同时，家长要积极发现并肯定孩子的优点和努力。比如，肯定孩子的善良和勇敢，帮助孩子认识到自己的独特价值。

此外，家长可以通过设定合理的目标来引导孩子逐步建立自信。从简单的小目标开始，让孩子在实现目标的过程中体验到成功的喜悦。同时，家长应避免过分强调孩子的不足，而是将重点放在孩子的进步上，创造一个充满爱与支持的家庭环境。家庭成员之间也可以经常分享彼此的成功和失败经历，让孩子明白每个人都有优点和缺点，都有成长的空间。换句话说，让孩子更接纳真实和不完美，从而能够感觉到自己的真实，感觉到自己足够好。

小贴士

用比较作为"激将法"也许短期有用，但是长期会损害孩子的自信心，我们需要用具体的肯定来建立孩子的内在自信，这样他们才不会因为家长表扬了别人而产生过激反应。

天生胆怯？怕生的孩子也能拥有自己的圈子

场景重现　不敢上学的孩子

孩子上小学的那天，到了学校门口，突然紧张起来，死死抓住我的手不放，眼神里满是不安和害怕。我劝他进去，他却把头摇得像拨浪鼓，说他谁也不认识，害怕。我心里非常焦躁。后来，我陪他上了一个多星期的课，他才好一点。然而，现在要上初中了，历史又重演了——他还是害怕去一个新学校。

我家孩子从小就怕生，不敢面对陌生环境。我到底该怎么做才能让他不这么胆小，自己安心去上课呢？

心理视角　气质类型

20 世纪 70 年代，心理学家杰罗姆·卡根等对气质理论进行了深入研究，发现个体的气质类型与行为反应密切相关。气质是与生俱来的心理和行为特征，具有一定的生理基础和稳定性，主要表现为心理活动的强度、速度、灵活性与指向性等方面的差异。比如，有些孩子性格外向开朗，在社交场合中如鱼得水，而有些孩子则内向敏感，面对陌生人会表现出紧张、退缩，甚至恐惧。

理解气质理论有助于我们认识到：孩子怕生并非简单的性格缺陷或教育失败，而可能是其与生俱来的气质特点在特定环境下的表现。这提醒家长和教育者不应简单地批评或强迫孩子改变，而应尊重孩子的气质类型，给予理解、支持和引导，帮助他们在自己节奏下逐步适应社交环境，培养健康的人际交往能力。

（家长工具箱）**渐进式暴露法，克服对陌生人的恐惧**

· 第一步：选择安静的公共场所，如公园长椅旁，作为初次尝试的地点。带上孩子熟悉的玩具或毛毯，以提供安慰。

· 第二步：带孩子坐在长椅上，轻声描述路过的行人，用安抚物品和话语缓解紧张情绪。停留 10~15 分钟，让孩子适应环境。

· 第三步：选择离人群稍近的长椅，继续观察和描述他人。引导孩子对远处小朋友微笑或打招呼。停留 15~20 分钟，适应稍近的社交距离。

· 第四步：在社区活动中，带孩子站在小圈子边缘，家长先聊天，适时鼓励孩子加入。每次互动 5~10 分钟，以孩子情绪无明显不适为度。

· 第五步：带孩子参加亲子聚会或生日派对，提前告知主人孩子的情况。家长先和孩子在角落观察，适时鼓励孩子参与集体游戏。逐渐增加活动时长，观察适应能力。

养育关键词 渐进式成长

"渐进式成长"是指孩子在克服社交恐惧、适应新环境时，通过逐步、缓慢的方式不断提升自身能力，以达到从完全依赖父母到能够独立社交的转变过程。

当孩子在陌生环境表现出胆小怕生时，父母应充分理解并接纳这种情绪，认识到这是孩子面对未知时正常的应激反应。在此基础上，父母应成为孩子的安全后盾，例如在参加聚会或社交活动时，先让孩子在自己身边熟悉环境，然后慢慢引导孩子与他人互动，从简单的微笑、点头开始，接着尝试短暂的对话与游戏，对每次进步都给予及时的肯定与鼓励。

需要注意的是，孩子只有拥有足够的安全感，才会不那么怕生，这跟家庭氛围、父母关系、父母和孩子的关系也是息息相关的。孩子需要父母作为榜样，在父母的支持和耐心下，逐渐获得内心的安全感，最终实现从依赖到独立的社交能力成长。

小贴士

渐进式暴露法需要根据孩子适应情况调整步骤速度，不能急于求成。每完成一步就给予表扬，增强信心。尊重孩子节奏，不强迫，让孩子在安全环境中逐步克服恐惧。

小男孩的眼泪：是不够坚强，还是正常情绪？

场景重现 爷爷的批评

周日的家庭聚会上，爷爷第十遍给小孙子——也就是我的儿子——讲当年在部队摸爬滚打的故事。可讲到一半，小家伙不小心摔了一跤，膝盖擦破了皮，鲜血渗了出来。孩子疼得哭了起来，眼泪像断了线的珠子往下掉。爷爷立刻板起了脸，大声喝道："男孩子摔倒了就得自己爬起来，哭哭啼啼的，哪还有半点男子气概。"这话一出，孩子哭得更凶了，一边抽泣一边往角落里躲。

我看着这场景，心里满是无奈，总不能让孩子一直这么压抑自己的情绪吧，可该怎么和爷爷沟通呢？

心理视角 情绪展现

情绪是个体在特定情境下对外界刺激所产生的复杂的心理和生理反应，是人类面对内外环境变化时的一种主观体验。它通常伴随着生理唤醒、主观感受、表情动作以及行为变化。生理唤醒是指身体内部的生理反应，如心跳加速、呼吸急促等；主观感受是个人内心的情绪体验，如高兴、悲伤、愤怒等；表情动作则是情绪的外在表现，如微笑、皱眉等；行为变化则是情绪影响下的具体行动，如哭泣、欢呼等。

需要注意的是，所有的情绪都有它的作用，因此情绪没有对错之分。小孙子的哭泣是面对疼痛和惊吓时的本能反应。生理层面，哭泣能促使身体释放压力激素，起到一定的自我保护作用；心理层面，这是孩子表达内心脆弱、寻求安抚的方式；社交层面，它传递出需求信号，吸引他人关注与帮助。

家长工具箱　如何维护孩子的情绪表达权

● 错误案例

"小孩子哭闹很正常，什么都不懂呢。"

这种说法虽然试图维护孩子，但忽略了长辈对孩子坚强品质培养的期望，可能被认为是在纵容孩子。

● 高情商沟通示范

▲ 对孩子爷爷

"爸，您说得有道理，我们都希望他坚强。其实，孩子哭泣也是他在寻求帮助，不然以后摔伤了都不说，那耽误了治疗就麻烦了。我们等他情绪稳定后，再引导他用更勇敢的方式面对。"

"爸，咱都希望孩子能快点调整情绪。要不咱先陪他坐会儿，等他情绪好了，再慢慢教会他一些其他的应对困难的方式，这样孩子可能更容易接受呢。"

▲ 对孩子

"宝贝，摔倒了肯定很疼，哭出来也没关系，爸爸妈妈就在你身边呢。"

"爷爷刚才看到你摔倒也挺着急的，他是想让你做个勇敢的男孩。爸爸妈妈觉得，身体受伤了，先处理好伤口才是最重要的，等伤口处理好，我们再一起想想怎么让自己下次摔倒时受伤轻一点，好不好？"

养育关键词 **情绪韧性**

情绪韧性是个体在面对压力、挫折或困难时，能够有效调节和适应情绪，从挫折中恢复并继续前进的能力。它体现了一个人对情绪的承受力、恢复力和调节能力。具备情绪韧性的人，在遭遇负面事件时，不会被情绪淹没，而是能够灵活地调整自己的情绪反应，采取积极有效的应对策略来解决问题，并且能在逆境中保持心理的平衡和稳定，迅速恢复到正常状态，继续追求目标和成长。

因此，当孩子受伤哭泣，我们应先接纳而非急着制止，让孩子明白情绪表达是被允许的。待情绪缓和，引导他用语言描述感受，逐步用言语替代纯粹的哭声。这样做的好处就是可以培养孩子的情绪调节能力，孩子既能在安全氛围里表达情绪，又能在引导下习得调节技巧，真正学会在风雨中既柔软又坚强地成长。

小贴士

当孩子哭泣时，不要急于让他停止，而是要帮助他识别并理解自己的情绪，这样才能真正让他在情绪调节上变得坚强。

成长的烦恼

深夜床上地图：养育中的挫败感如何调节？

场景重现 尿床

深夜，我被孩子的哭声惊醒，心中莫名产生不祥的预感。走进房间，果然，床单又湿了。一股怒火瞬间涌上，我忍不住对着孩子大声责怪："怎么又尿床了？你都几岁了！到底什么时候才能学会控制？"孩子吓得低下了头，眼中满是害怕和羞愧，小声地说："妈妈，对不起，我已经很努力了，可是还是……"看着他无助的样子，我内心的怒火渐渐平息，取而代之的是深深的后悔和挣扎。我知道他不是故意的，可我还是忍不住发了火，这样下去，我该怎么办？

心理视角 孩子为什么会尿床？

尿床，对于低龄儿童来说，可能是由多种因素导致的。从生理发育的角度来看，孩子的膀胱可能还未完全发育成熟，或者受到遗传因素的影响，导致他们无法完全控制自己的排尿。此外，压力和焦虑也可能加剧夜间遗尿的问题。当孩子面临情绪紧张或生活变化（如入学、家庭环境变化）时，他们可能会更加焦虑，从而更容易尿床。格罗斯的情绪调节理论指出，家长的情绪反应会直接影响孩子的心理安全感。如果家长对孩子尿床的行为表现出过度的焦虑或惩罚性反应，那么这种负面情绪可能会加剧孩子的尿床问题，而非帮助他们改善。

家长工具箱 冷静信号＋stop 技术

面对孩子尿床的问题，我们需要学会调整自己的心态，避免被挫败感等情绪所左右。可以尝试给自己设置一个冷静信号，例如，在卧室门把手上系蓝丝带作为视觉提醒物，当发现自己即将发火时，以此来提醒自己保持冷静。

此外，家长可以日常练习一个愤怒情绪管理的小技巧——stop 技术，进一步提升情绪管理能力。具体操作可分为四个步骤：

（1）S：在情绪爆发前立即暂停（Stop），阻断既往会让情绪升级的生理反应链；

（2）T：接着深呼吸三次（Take a breath），采用 4—7—8 呼吸法（吸气 4 秒/屏息 7 秒/呼气 8 秒），想象将负面情绪随呼气排出体外；

（3）O：观察（Observe），一方面观察当前环境中的具体细节，通过感官刺激帮助大脑前额叶皮层重新激活理性功能。另一方面，通过观察自己的内心感受分辨愤怒情绪有多少来自孩子尿床，而有多少其实是来自自我的否定；

（4）P：继续（Proceed）。再回到发现孩子尿床的场景，互动时采用非暴力沟通公式：客观描述（"床单上有两块水渍"）＋表达感受（"妈妈觉得有点担心"）＋明确请求（"咱们试试铺隔尿垫好吗？"），逐步培养建设性对话模式。

　　家长也可以尝试改变对尿床问题的认知。我们需要意识到，尿床是孩子成长过程中的一个阶段，既不是孩子的错，也不是家长的错。不论对孩子还是自己，我们都需要以更加宽容和理解的态度来看待。此外，还可以尝试与孩子一起制定一些双方都能接受的解决方案，如设置闹钟提醒孩子起床上厕所。

养育关键词　情绪自控力

　　在养育孩子的过程中，孩子发展没那么顺利的时候，我们很容易感到挫败和愤怒，这样的情绪会让我们埋怨自己和孩子，责怪孩子为什么控制不好，懊恼自己对孩子严格，教不出一个"不会尿床的孩子"。我们需要意识到尿床成长过程中的自然现象，有些小朋友可能确实比同龄人需要稍多一些的时间学会控制，需要以耐心和支持代替责备。我们也需要保持耐心和信心，相信孩子会逐渐克服这个问题。记住，养育孩子是一个长期的过程，我们需要以积极的态度面对每一个挑战。

小贴士

　　我们可以帮助孩子尝试建立固定的如厕习惯和轻松的睡前仪式以减少尿床，在面对尿床反复情况时也要更有耐心。

勇敢≠无畏风险： 孩子的第一堂安全课

场景重现　脱缰的"小野马"

周末，我带5岁的儿子去游乐场，突然他像脱了缰的野马甩开我的手，冲向旋转滑梯。他也不管前面还有小朋友在排队，手脚并用往上爬。我刚想提醒"抓紧扶手"，他已经头朝下倒着滑下来，膝盖蹭破皮还笑嘻嘻地说"一点都不疼"。更让我心惊的是回家路上，他看到马路对面有冰淇淋车，甩开我的手就要冲过去，完全没注意红灯和来往车辆。我拽住他胳膊时，他还生气地跺脚："妈妈胆小鬼！"看着川流不息的车辆，我的手心全是冷汗——这孩子为什么总觉得危险和自己没关系？

心理视角　冲动与英雄情结

皮亚杰认知发展理论指出，4—6岁孩子处于"直觉思维期"，往往通过身体体验而非逻辑判断认识世界。神经科学研究显示，冲动控制与执行功能决定了儿童的风险认知，而风险认知又受限于前额叶发育水平，这也导致了幼儿容易受即时刺激驱动，正如故事中的孩子看到冰淇淋车就自动启动"冲刺模式"。此外，孩子在生活中容易有模仿动画片里"超级英雄"的情节，常会认为自己也是"小钢铁侠"，这可能是由于孩子在生活中产生了"我和钢铁侠一样无所不能"的认知偏差，无惧各种风险。

家长
工具箱

如何帮助孩子建立安全边界？

●"安全小侦探"游戏

准备红黄绿三色卡，和孩子模拟侦探游戏。通过颜色分级建立风险预判系统，红色是危险，立即远离；黄色是观察；绿色是安全。确定好规则后，带孩子观察小区/公园环境：发现井盖破损，让孩子给出判断牌（红色，立即远离）、秋千有人玩耍需等待（黄色，观察）、平整人行道（绿色，通行），让孩子明白在不同情境下如何识别和应对风险，逐步培养他的安全意识和自我保护能力。

● 安全对话

我们可以引导式的沟通，在不打击孩子勇气的前提下，帮助孩子建立安全边界。举例，孩子骑车过快时，家长的对话示范：

▲ 错误案例："你不要乱骑，万一出事了怎么办！"（过度吓唬可能让孩子产生恐惧心理）

▲ 建议对话：

家长：（蹲下来平视孩子）宝贝，刚才骑车下坡时你特别勇敢！不过妈妈发现转弯的地方有点陡，你觉得我们可以做点什么保护自己呀？

孩子：嗯……我可以刹车！

家长：（竖起大拇指）这个办法好！下次我们提前轻轻捏刹车，这样既帅气又稳当，就像你喜欢的超人一样。那你这么厉害，还有别的安全妙招吗？

孩子：戴头盔！上次爸爸说我像宇航员！

家长：（笑着击掌）哇，戴上头盔你就是安全小超人啦！咱们拉钩，下次你负责提醒妈妈检查装备，我负责给你加油，怎么样？

孩子：（伸出手指）拉钩！我要用闪电速度安全冲坡！

养育关键词 风险认知

风险认知是孩子成长教育中的关键一环，家长可以尝试结合生理与心理特点，设计互动游戏，让孩子在实践中学会辨识危险，逐步提升自我保护意识，避免单纯说教带来的局限性。这里的关键点是，要做好保护孩子安全与鼓励孩子探索之间的平衡，既不能让孩子害怕尝试，也不能放任孩子忽略安全隐患。在日常生活中，我们可以通过"先停一下，想一想"的方法，帮助孩子逐渐培养遇事冷静思考的习惯，而不是凭直觉行动。例如，过马路时，引导孩子停下脚步，观察交通信号灯和车辆情况，再决定是否通行。

小贴士

和孩子的对话中，我们可以这样告诉孩子："勇敢不是不怕危险，而是知道什么时候该停下、观察、保护自己。"

偷拿不属于自己的东西？
帮助孩子建立归属权观念

场景重现 "不缺我这一个"

晚饭后，在整理孩子的书包时，我发现了一个陌生的小兔子玩具。我问孩子这个小兔子从哪里来的，她支支吾吾，眼神闪烁，不愿意正面回答。我再三追问，她终于低声承认是从幼儿园拿的。孩子看到我有些愤怒，小嘴撇下去，眼睛含着泪和我讲："可是妈妈，幼儿园有很多这样的玩具，不缺我这一个。"听到这里，我内心五味杂陈，震惊、担忧。我不禁疑问，孩子为什么要拿不属于自己的东西？她知道这是错的吗？如果这次我不纠正，以后她会不会变本加厉？

心理视角 克制欲望

从科尔伯格的儿童道德发展理论来看，孩子在不同年龄阶段的道德判断能力有所不同。学龄前儿童可能对"所有权"概念没那么清晰，他们可能不理解"拿别人东西"是不对的行为。而对于年长的孩子，他们可能因一时的欲望、嫉妒或对规则的试探而偷拿物品，这里会涉及一个心理学中冲动控制的问题。孩子在成长过程中需要学习"克制欲望"，考虑他人感受及自己的行为后果。如果孩子发生了偷拿行为，我们不只要告知孩子当前行为的"对与错",还可以尝试从"归属权"的角度引导孩子建立正确的道德观,让孩子明白自己的行为会对他人造成伤害。特别要注意的是,过度的惩罚可能适得其反。

家长工具箱　三步策略

当孩子出现偷拿行为时,我们可以尝试三步策略。

第1步 换位思考

用"换位思考法"来帮助他理解"所有权"和"归还"的重要性。比如,我们可以问孩子:"如果你最喜欢的玩具被朋友拿走,你会有什么感觉?"鼓励孩子表达感受,同时引导孩子想象失去玩具的朋友可能也会产生类似的感受,从而让孩子意识到自己的行为给朋友带来了困扰和不快。

第2步 归还和道歉

我们应该带孩子去归还玩具,并亲自向朋友道歉,让孩子体验错误行为的后果,而不是仅仅听我们说教。这样的实践能让孩子更深刻地理解自己的行为对他人造成了伤害,从而学会尊重他人的物品。

第3步 情境讨论

和孩子设想一个情境并进行讨论——如果一个生活环境是每个人都随意拿走别人的东西,会怎么样?通过这样的对话和行动，让孩子不仅学会尊重他人的物品，也更加理解社会规则的重要性。

此外，我们还可以鼓励孩子思考如何弥补自己的错误，比如通过帮助朋友做些事情来表达诚意；如果想要某样东西，应该如何通过恰当的方式获得。

养育关键词 冲动控制

冲动控制是指个体在面对诱惑或压力时，能够有效地管理和调节自己的冲动行为，避免做出可能对自己或他人产生不良后果的决定。小朋友的冲动控制是指他们在面对各种情境时，能否抑制住即时的冲动，转而考虑长远的后果。"偷拿"这一个行为，很多时候也反映了孩子在做出行为的那一刻，满足的是当下，而非考虑长远的后果。因此，这不是单纯的道德问题。通过和孩子一起面对"偷拿"这一行为，其实能够进一步帮助孩子学习社会规则。我们需要用耐心和正确的方法引导，而非指责或惩罚。

小贴士

在孩子归还玩具后，家长切记不要不断翻旧账，而是鼓励孩子下次做得更好，从而建立他对"诚实"的正向体验。这样，孩子才能在错误中成长，学会尊重他人，成为有道德、有责任感的人。

孩子撒谎不可怕：
诚信教育好时机

场景重现 孩子撒谎怎么办？

今天下班回到家，看到儿子又在玩游戏，问他作业完成了没有，儿子眼神闪躲，随后镇定地抬起头，自信满满地说："今天没有作业"。我心想"不对吧，刚刚好像在班级群里看到老师布置的作业了"。这小子不会又在骗我吧！上个月儿子刚刚被他爸教训了一顿，就是因为明明弄坏了邻居小朋友的玩具，却不肯承认。

小小年纪就学会撒谎了，以后可怎么办呢？我顿时又气又恼，真想大发雷霆，狠狠惩罚他这种不诚实的行为。但好像对他打骂也没什么用，只会加剧我们之间的矛盾，到底怎样才能让他诚实一些呢？

心理视角 孩子的自我保护

美国儿童心理学家吉·诺特指出，儿童撒谎多出于"逃避"或"达成期望"两大心理动因。学龄期的孩子可能因恐惧惩罚（如作业未完成）、渴望认可（如虚构优秀表现）而启动自我保护机制。在学校的要求和规则增多，孩子一旦犯错，脑海中便会预想到批评、惩罚等负面后果。例如作业未完成，他们清楚这不符合要求，而害怕被责备的心理驱使下，"老师没布置"这样的谎言脱口而出。这源于他们本能地想要避免不愉快体验，维护自身舒适感与安全感，就像给自己披上一层"保护罩"。

此外，孩子希望在家长眼中是优秀、乖巧的。当他们做出一些不被认可的行为时，如弄坏别人的玩具，他们担心如实相告会破坏在家长心中形象，于是编造谎言，试图塑造符合家长期待的自己，以获取认同与赞扬。这种撒谎行为本质上是他们对积极情感反馈的强烈追求。

家长
工具箱　　**培养诚实好品质**

● **建立"安全港"沟通机制**

▲ 首先暂停情绪，用观察代替质问："我看到你的作业本是空的（客观事实），你现在有点紧张对吗？（标注情绪）"

▲ 提供阶梯式选择："是忘记写了，还是觉得太难了？或者有其他原因？（给选项）妈妈保证不会生气（承诺安全感）。"

▲ 即时强化诚实行为，当孩子承认后，具体表扬："谢谢你告诉我真相，这需要很大的勇气，我们现在一起补作业，下次可以用便利贴记作业（解决方案）。"

▲ 制定家庭规则，坦白过错时要按暂停键：即使犯错，只要诚实就暂停惩罚，优先讨论补救方案。孩子感到安全时能够有效降低编造防御性谎言的可能。

• 诚实互动游戏

▲ 通过阅读绘本故事，让孩子分析故事角色撒谎后的影响以及诚实带来的积极反馈，引导孩子思考"如果你是主角，你会怎么做？"

▲ 和孩子进行诚实寻宝游戏，设置家庭"诚实勋章"，当孩子表现诚实或主动承认错误时，奖励贴纸兑换奖励，如（特别时光：多讲一个睡前故事）。正向反馈可以激励孩子的诚实行为。

养育关键词　认知发展

孩子撒谎并非就是有道德缺陷，这更多是心智成长的路标。发展心理学揭示，撒谎能力本质是认知跃升的副产品——当孩子能构想"另一种可能"时，恰说明他们开始理解世界的复杂性。家长的智慧在于区分"成长性谎言"与"习惯性欺骗"：前者像孩子在学游泳时抱着浮板，是他们在还不擅长表达、面对困难时的一种"保护动作"，后者才是需要矫正的行为模式。关键在于让孩子体验诚实带来的深层满足——被信任的温暖、问题解决的掌控感，而非困在用说谎逃避惩罚的循环中。

当谎言发生时，家长需要先调整内心情绪，把谎言变成建立信任的契机：一起修复玩具时，传递"错误可修正"的安全感；核对作业记录时，示范"真话有力量"的从容。当孩子确信即使搞砸了也能被接纳，谎言便失去了存在的意义。

小贴士

孩子说谎时，家长的第一反应决定了孩子未来是否愿意诚实，与其立刻批评，不如耐心倾听，找到撒谎背后的真正原因。

家有"吹牛大王"怎么办？

场景重现　我家有城堡

"暑假的时候我爸妈带我出国玩了，我家在那边有一座城堡！"欣欣拍着沙发扶手，开心地笑着把毛绒玩具给几个小朋友看："这是那里的小朋友送我的"。家里正在给女儿办生日派对，邀请了她幼儿园的几个好朋友来玩，玩着玩着就听到她开始吹牛了，暑假明明回的老家，我在旁边尴尬地低头，不知如何是好。

现在该不该拆穿她呢？拆穿后她会不会不高兴？之前也听到她跟同学说大话"我爸会开飞机"，出门在外，家长的身份都是孩子给的。要这么下去，以后女儿会不会满嘴跑火车，纵容会不会助长她的虚荣心呢？

心理视角　自我意识的萌芽

从儿童自我概念发展的视角来看，孩子爱吹牛的行为与其心理发展阶段密切相关，在3—6岁阶段，儿童的自我概念处于形成初期，他们会通过"夸大自我"来确认自身的存在感和独特性，"说大话"是维护自尊的一种方式，他们需要大量的积极反馈来获得"积极的自我"，从而获得满足，让别人关注自己。

此外，学龄前儿童尚未建立清晰的现实边界，常将"幻想"与"现实"混淆，常常把自己或家人想象成动画片、绘本中有超能力的角色，当孩子说"我爸会开飞机"时，实际是将对父母的崇拜转化为自我认同的延伸，试图通过关联强者来构建理想化的自我形象。他们并非刻意编造谎言，而是沉浸在自己的幻想中，本质上也是对"强大自我"的向往。随着年龄增长，认知提升后，这样的行为会逐渐减少。

家长工具箱 如何应对"吹牛大王"？

● 满足想象力

很多时候，孩子的吹嘘内容非常富有想象力，应理解并满足他们的想象力，将"吹牛"转化为创造性表达，鼓励孩子将内容编成故事或绘画，向大家展示，如"哇！城堡里面有什么呀？能给妈妈讲讲吗？"这同时增强了孩子的语言表达能力。

● 建立现实锚点

制作"家庭旅行地图"，用照片记录真实旅行经历，帮助孩子区分想象与现实。用平行对话替代否定："你的城堡故事真精彩，妈妈还想知道你上周在外婆家玩什么啦？你看到、听到了什么？"帮助孩子用感官锚定真实记忆。

● 成就视觉化

用成长记录表记录孩子的技能进步，并给予积极回应

（如"你拼积木时很有耐心"），强化孩子的具体能力认知，让孩子看到自己真实的成就也能得到认可赞美，无须通过夸大吹牛来获得自我认同。

对于 6 岁前的孩子，家长应侧重保护其想象力，通过游戏建立现实感，对于学龄期的孩子可着重培养实事求是的表达习惯，向孩子传递"不必完美，真实更动人"。

养育关键词 **理解发展需求**

学龄前儿童的夸大表述本质是自我建构的探索行为，是心理发展的必经之路，这个阶段孩子尚未形成稳定的自我认知，常通过虚构强大形象来确认自身独特性，并非道德层面的欺骗。孩子用想象填补现实缺口，恰如用积木搭建心中理想世界，这是认知能力与社会情感共同发展的表现。

家长可创造性地向孩子普及生活常识、教授新知识，孩子长大的过程中，认知水平也在慢慢提高，因此，面对孩子吹牛，不打击不嘲笑，而是先理解他们的内在需求和发展规律，慢慢引导孩子完成从"幻想自我"到"现实自我"的平滑过渡。家长的接纳，是孩子们努力追求美好的动力。

小贴士

理解孩子的发展需求不代表鼓励吹牛，试着接纳孩子的想象，用接纳代替批评，引导孩子回归现实。

出口成脏！到底是无心模仿还是有意挑衅？

场景重现 孩子什么时候会说脏话？

接 8 岁儿子放学时，班主任把我拉到一边讲道："今天课间玩游戏，同学小宇说儿子赖皮，儿子边尖叫'去死吧你！'边推倒了小宇的水壶。"老师讲述的这个场面把我的思绪拉到前一晚儿子写数学作业时——他突然把铅笔摔向墙壁大喊"傻 X 题目"，我训斥后他反而咯咯笑："这有什么，我们班男生都这么说错题！"

晚饭时，我试探着提起在学校和小宇的冲突，儿子晃着脑袋讲："小宇活该！该——死——！"我听着他故意拖长的怪腔调心里很不是滋味，他补充道："手机里那些叔叔都是这么说的呀。"听到孩子的话，我陷入了沉默。出口成脏，究竟是无心模仿还是有意这样做？我要怎么做才能让孩子明白骂脏话是不合适的？

心理视角 酷小孩密码

班杜拉的社会学习理论解析了孩子如何通过观察和模仿身边的大人、同龄人、影视节目习得语言行为。7—9 岁的儿童进入"社会规范敏感期"，此阶段的孩子言行中蕴藏着融入同伴群体、体验掌控感等多种动机。语言学家指出，该年龄段对"话语力量"的认知呈两极分化：课堂上背诵的礼貌用语被视为"教师语言"，而隐蔽传播的脏话则被编码为"酷小孩密码"。

儿童发展学家埃里克森认为，这个时期是自主性与羞耻感的博弈期。在这个阶段，可能会出现一种现象，即越是被禁止的语言，孩子们越想尝试。例如，当孩子发现一句脏话能够引起父母的强烈反应、让老师感到惊慌时，他们可能会认同这种测试边界、寻求权力感的方式，感觉自己仿佛掌握了突破成人权威的"社交核按钮"。

家长工具箱　社会货币结构

我们可以尝试帮助孩子学习社会货币结构（"社会货币"指社会中认可的无形资源，如声望、人脉、身份标签等，它们虽不像金钱直接流通，却能影响他人态度。在故事中，孩子错把说脏话解读为有领导力和受欢迎）。我们需要帮助孩子理解，不论是小朋友的世界还是大人的世界，"说脏话＝受欢迎"这样的想法是错误的，真正的小领袖是用智慧让人跟随，比如发明新游戏规则的人。

· 运用"情绪词汇扩展"，教孩子用更多合适的词汇表达愤怒或不满，比如"我很生气"代替"傻 X 题目"，用"我认为你这样做不合适"代替"该死"等。

· 运用"色彩情绪温度计"的小游戏，引导孩子主动降低不当表达的频率（基础版"情绪温度计"游戏详见 P061—062）。准备红黄绿三色卡纸计数表，当孩子有不当的表达时，主动提醒孩子"你现在情绪温度升高了，我们看看它是什么颜色（让孩子指出是红色/黄色）"，并引导孩子，"那我们可以换成'这让我有些生气'这样的表达来降温吗?"（当孩子的表达变温和时，让孩子自己在绿色表格中画一个笑脸）。一周下来和孩子一起数数，情绪降了多少次温。

（养育
关键词）**情绪引导**

学会恰当的情绪表达是孩子成长中不可或缺的一环。我们应引导孩子用健康方式释放情绪，避免在纠正孩子的语言表达时使用语言暴力，从而强化孩子对于不当表达的认可。

举例，当孩子在核对错题的时候，说出"傻 X 题目"，我们可以尝试开展的对话方式：

> 家长：听起来这个题目让你很生气啊！它让你生气在什么地方？（面对这种情况，家长需冷静分析，避免过度反应，耐心倾听孩子的真实想法，了解脏话背后的心理动机）
>
> 孩子：它就是故意让我出错的！
>
> 家长：确实挺坏的（共情孩子），那我们看看怎么绕过这个陷阱，让我们不那么生气，好吗?（积极示范，与孩子共同解决问题）

在这个过程中，我们尝试帮助孩子建立良好的沟通习惯，让孩子感受到尊重与被尊重的力量，逐步引导其回归文明表达。我们还可以通过角色扮演和情景模拟的方式，让孩子体会脏话对他人的伤害，培养同理心，从而逐渐学会用更恰当的方式表达自己的情绪和不满。

小贴士

日常生活中，家长应以身作则营造健康的家庭沟通氛围，同时多关注孩子接触的人际环境和网络信息等，防微杜渐。从源头减少不良语言影响，才能帮助孩子好好表达情绪。

告别"报仇"思维：助力孩子正确化解冲突

场景重现 儿子有个"记仇本"

下午接8岁的儿子放学，远远地就看到他气冲冲地跑过来，小脸涨得通红，眼眶里还泛着泪花。"怎么啦，宝贝？"我赶忙迎上去。儿子攥紧拳头，大声吼道："今天小虎又偷偷拿了我的橡皮，我说了他几句，他还推我！明天我要报仇，把他的橡皮扔掉，也要狠狠推他！"看着儿子愤怒的模样，听着这满是报复意味的话，我心里一阵发慌。

这样的事情发生过好几次了，儿子心里似乎自带"记仇本"：同桌借了铅笔没有及时还、同学没有分享零食或者碰掉了他的书本都成了他要报复的理由……我能理解儿子很不开心，可万一他总是这样记仇，性格会不会变得狭隘、偏激？长大后会不会很难与他人友好相处，甚至变得爱欺负别人？我该怎么引导他呢？

心理视角 儿童情绪发展

根据德纳姆的儿童情绪发展理论，孩子的"记仇"或"报仇"行为，与其情绪理解、表达和调节能力的发展阶段密切相关。8岁的孩子已能清晰感知愤怒、委屈这类负面情绪，就像被同学拿走铅笔或推倒，这些经历让他们产生愤怒、不甘。但由于儿童的前额叶皮层尚未发育成熟，情绪表达和调节能力有限，若遭遇摩擦冲突，缺乏有效的自我安抚策略，也难以准确地用语言化解负面情绪，"报仇"可能只是一种宣泄方式。

此外，该阶段的孩子对公平公正比较敏感，当遭遇不公平，内心的正义感促使他们希望通过"报复"让对方受到惩罚，恢复公平。因此，他们的愤怒和"报仇"心理可能并非真正的恶意，而是他们表达受伤和寻求公平的一种方式。

家长工具箱 **解决冲突有妙招**

●"情绪温度计"游戏

和孩子一起画一个温度计，标出0℃（平静）到100℃（暴怒）。当孩子生气时，请他指出"现在的温度"并描述身体的感受，和孩子一起讨论不同应对方法：60℃以下可尝试"深呼吸3次"或"捏压力球"；60℃以上先离开现场冷静。

通过游戏将抽象的情绪可视化，赋予孩子掌控感，避免情绪失控。

●"角色扮演"情景剧

模拟孩子在学校遇到的冲突场景，让孩子扮演推他的同学，父母扮演孩子，通过角色互换，让孩子学会换位思考。在扮演过程中，引导孩子思考除了"报仇"还有什么方法，比

情绪温度计

10	我快要失控了
9	我快要爆发了
8	我很生气
7	我开始发热
6	我变得不舒服了
5	这很困难，但我能控制住自己
4	我没事
3	我很冷静
2	我感到轻松和愉快
1	我感觉非常棒！

你能清楚自己情绪温度到哪了吗？

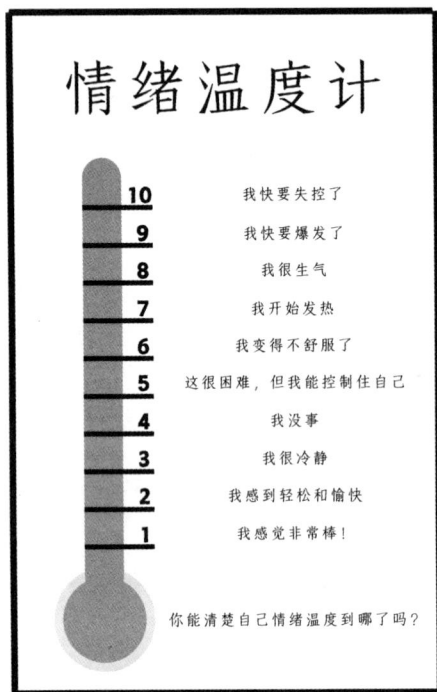

如用语言表达自己的感受和想法，"你推了我，我觉得很疼，也很生气。""你要是想用我的铅笔，请告诉我一下，我会借给你的，但是也要记得还给我。"

● 绘本故事引导

给孩子讲一些关于如何解决冲突的故事，并一起讨论故事中的角色是如何处理矛盾的，引导孩子思考在自己遇到类似问题时可以怎么做。也可以在孩子遇到冲突后，和孩子一起坐下来，通过头脑风暴的方式想出各种解决办法，如告诉老师、和对方好好沟通、一起玩个游戏化解矛盾等，然后让孩子选择一个他认为最合适的方法去尝试。

养育关键词 **冲突管理**

孩子的"记仇"行为，本质上是其社会性发展过程中对公平、权利与社交边界的探索，而非单纯的攻击性表现。当孩子因不公平对待而产生报复心理时，家长不应一味斥责，也不是消灭冲突，而是将其转化为情绪管理与道德判断的成长资源。用接纳的态度陪伴孩子走过这段"公平探索期"，帮助孩子在面对冲突时保持冷静，学会用理性、平和的方式解决问题，形成健康的人际交往观念，培养健全人格，他们终将学会用更成熟的方式守护心中的正义。

小贴士

当孩子表达要"报仇"时，不要直接否定，而是帮助他完成从"以牙还牙"到"策略性解决"的认知升级，比如讨论更有效的应对方式，鼓励他用行动建立自信。

分床持久战：独立不是推开，而是目送

场景重现 夜晚的拉锯战

刚把五岁的晨晨哄进他的小房间，不出十分钟，抽泣声又像闹钟般准时响起。他抱着恐龙玩偶光脚站在我们的房间门口，泪眼汪汪地说："床底下有怪兽！我要和爸爸妈妈一起睡"好容易连哄带骗把他弄回自己房间，半夜一睁眼，好家伙，孩子又悄没声息地爬回我们床上了。

书上说三岁就该分床，朋友家的孩子四岁就自己睡了。我也在纠结，到底该强行分开让他自己睡，还是再给他一些时间？如果分床年龄太大，会不会影响孩子的独立性？

心理视角 分离焦虑

英国心理学家约翰·鲍尔比的依恋理论指出，儿童早期与主要照料者的互动模式会成为他们应对外界挑战的"安全基地"。分床行为本质上是一次"微型分离"，当孩子离开熟悉的父母怀抱时，其依恋系统会被激活，触发生理性恐惧（如怕黑、怕怪兽）和分离焦虑（如哭闹、抗拒）。

孩子的分床困难，就像学自行车时总是害怕父母松开扶着车身的手，他们需要确认安全感与自主性之间的平衡点。过早强制分床可能触发"哨兵反应"——孩子会不断醒来确认安全，反而影响深度睡眠，增加孩子对独自睡觉的焦虑。因此，睡眠独立性的培养需要一个"缓冲带"。

家长工具箱　如何渐进式分床？

第1步 搭建安全岛

在正式分床前半年左右，可在父母卧室摆张小床，让孩子自己选择喜欢的床单、被子和枕头，放上孩子喜欢的玩偶。

同时，让孩子参与装扮自己的小房间，告知他马上有属于自己的"秘密基地"。

睡前半小时进行固定程序，陪孩子读绘本，等他有困意，轻拍安抚，让他在熟悉的环境和陪伴下入睡。

第2步 陪伴式入睡

（1）逐步将小床移动到孩子房间，包括他自己选择的床品和玩偶，也可以放两件父母的衣服，为孩子提供触觉与嗅觉的持续安抚。

（2）睡前仍进行固定程序，但逐渐减少陪伴时间，如果孩子夜里跑回父母房间，可平静地带回小床，给与安抚，如告知"天亮了妈妈第一个来抱你"。

第3步 巩固独立性

给孩子每周1天的特例日，可以选择1位家长陪睡，像给学步儿偶尔坐回婴儿车，减少分床的抗拒。

设立"独立睡觉奖励计划"，每坚持自己睡一晚，奖励一个星星贴纸，积累到一定数量后可以兑换小礼物，让孩子通过成就感适应分床。

养育关键词 独立意识

独立意识应像树苗生长——扎根于安全感的土壤，才能向上伸展。分床不是要完成某个年龄的"规定动作"，而是在孩子准备好时，帮他把对父母的依恋转化为内心的力量——就像小鸟离巢前，需要先确认翅膀下的暖流足够托起自己。这样，才能让孩子的小床成为"充电站"而非"隔离舱"。我们要接受孩子像潮水般退进，这一周自豪地宣布"我能自己睡整夜"，下一周又抱着枕头来敲门。这不是培养独立的失败，而是他们在测试安全边界——就像小鹰第一次振翅，总要反复确认山崖仍在身后。父母要做的不是锁上门，而是把"随时回应"变成隐形的翅膀："妈妈就在隔壁，你和星星说晚安时，我也在听。"

请记住，独立不是"推开"，而是"目送"，父母的稳定情绪是孩子最好的安全感锚点。独立的本质，是让孩子带着父母给予的安全感，走向属于自己的星空。

小贴士

　　孩子分床的年龄没有绝对统一的标准，具体需结合个体发育、心理准备及家庭环境综合判断。过早或过晚分房可能影响独立性培养或睡眠质量，分阶段过渡更利于孩子适应。

当无聊成为常态：唤醒孩子的自主探索力

场景重现 被"无聊"困住的周末

周六上午的阳光斜照进客厅，儿子像只泄气的皮球瘫在沙发上，四肢摆成"大"字。儿子第 13 次叹气："好——无——聊——"

"试试你新买的乐高？"我弹了弹尘封已久未拆封的航天飞机套装，递给他。他瞟了一眼："拼过了，没意思。"

"去楼下骑自行车？"

"热死了。"

"那画你最喜欢的恐龙？"

"笔都秃了……"

最终他抓起手机刷起短视频，魔性的笑声在房间里炸开。我看着满柜未拆封的桌游、落灰的显微镜，胸口发闷：那个曾用纸箱造出"太空舱"的孩子去了哪里？究竟是我用"安排"掐灭了他的火花，还是这代人的快乐早已被预设成 2.0 倍速的电子设备占据了？

心理视角 多巴胺陷阱与萎缩的创造力

根据多巴胺刺激理论，孩子如果习惯了高刺激活动（如短视频、游戏），大脑会不断追求即时满足和强烈的多巴胺分泌，从而对低刺激活动（如阅读、积木）失去兴趣。这种现象表明，孩子的大脑逐渐适应了高刺激环境，对低刺激活动的反应变得迟钝。与此同时，主动探索与创造力的发展也会受到影响。如果孩子长期依赖被动娱乐（如看电视），他们可能会缺乏自主寻找乐趣的能力，因为被动娱乐剥夺了他们通过探索和尝试来发展创造力的机会。

家长应减少孩子接触高刺激活动的时间，鼓励他们参与低刺激但有益的活动，如阅读、手工制作等，以帮助孩子重新建立对这些活动的兴趣。同时，家长应限制被动娱乐的时间，鼓励孩子主动探索和创造。此外，家长需要避免过度安排孩子的活动，为孩子创造一个平衡的环境，既提供适度的指导，又留出足够的空间让孩子自主探索和寻找乐趣。通过这些方法，家长可以更好地支持孩子的全面发展，帮助他们培养自主性和创造力。

家长工具箱 从"快乐投喂"到"创造孵化"

- **错误案例**

▲ 娱乐外包式应对："我给你买最新款游戏机！"

这样的行为会进一步推高孩子多巴胺阈值，加剧低刺激活动排斥。

▲ 批判性回应："你就是懒，我们小时候哪有这么多玩具！"

这样的表达触发防御机制，固化消极行为模式。

● 高情商沟通

▲ 第一步：激活创造引擎。

当孩子说无聊时，邀请孩子自主探索："这是个发明新游戏的好机会，你需要材料支持还是脑力助攻？"

▲ 第二步：阶段式戒断。

第一周：用"番茄工作法"改造娱乐：每25分钟屏幕时间后，必须进行15分钟实体游戏（如折纸、种植）。

第二周：每天设置1小时"低科技时段"（仅允许手工／阅读）。

第三周：实现放学后2小时自主探索时间。

▲ 第三步："百宝箱计划"。

家长和孩子一起讨论并列出一系列适合孩子年龄和兴趣的活动，如阅读、绘画、拼图、手工制作、科学小实验等，将这些活动写在小纸条上，放入一个装饰精美的"百宝箱"中。当孩子感到无聊时，他们可以从箱子里随机抽取一张纸条，并按照上面的提示进行活动。这种随机性不仅增加了趣味性，还能激发孩子的探索欲望。

▲ 第四步：家庭环境改造清单。

（1）将玩具柜改造成"半成品工坊"（保留纸箱、布料等可改造材料）。

（2）在客厅设置"灵感墙"，展示孩子即兴创作的作品（哪怕是用吸管搭的歪斜塔楼）。

（3）每月举行"有趣创意展"，庆祝那些荒诞但有趣的探索尝试，鼓励孩子的自主探索和尝试。

▲ 第五步：构建正向循环。

（1）心流记录仪。

让孩子用贴纸标记进入专注状态的时刻（如搭积木 30 分钟），月末分析哪些活动易触发心流体验。

（2）启动"好奇币"激励机制。

自主发起的探索行为（如观察蚂蚁搬家）可赚取"好奇币"，兑换家庭特别体验（如夜宿帐篷观星）。

养育关键词　自我探索

无聊是创造的起跑线。当孩子喊"无聊"时，正是启动自主探索的黄金时刻。家长需克制代劳冲动，通过创设"半开放环境"激发孩子的好奇心。逐步减少孩子的高刺激娱乐，用共同探索的方法，引导孩子从被动消费转向主动创造，唤醒孩子的内在动力。当孩子体验到自己发明游戏的成就感，大脑将重建健康的多巴胺奖励系统。

小贴士

当孩子无聊时，尝试帮他点燃心中那盏自我探索的灯。

斤斤计较的小守财奴：
为孩子树立正确金钱观

场景重现 过度关注价格的孩子

儿子从 7 岁开始就对价格特别敏感。每次去超市和便利店都会对着价格标签来来回回看很久。一开始我们觉得他大概是对数字比较感兴趣，或许会有点这方面的天赋。但后来发现，他似乎只是在意商品的价格。总想着这件东西是不是买得划算，那笔花销是不是亏了。甚至我们带他去剪头发，他都会问："剪个头发要多少钱啊？""那么贵啊？我不要剪了。你们把钱给我吧。"

如今 9 岁小学三年级了，老师有次来向我们反映说在学校里其他孩子问儿子借东西，他都要问别人收钱。于是我们就有点担心，这个孩子小小年纪怎么竟成了"葛朗台"？他是不是性格发展上有什么问题？会不会影响他以后和别人交往呢？

心理视角 金钱概念与儿童心理发展

皮亚杰认识发展理论中提出了关于儿童金钱概念发展的观点。在此基础上诞生了一系列关于儿童如何认识和处理金钱、财富相关概念与行为的理论与研究。

经济学是通识教育中一门重要的学科，在欧美国家会相对更重视儿童理财教育。他们鼓励孩子从小工作挣钱，培养孩子的独立性、经济意识以及经济事务上的管理和操作能力。

儿童财商发展与他们的认知发展阶段密切相关。有研究表明，儿童在3—4岁时就对金钱有了初步的认识。随着年龄增长，对金钱的理解逐渐深入，8—10岁时，大多数儿童能够理解储蓄的概念，并开始有自己的储蓄行为。11岁后随着抽象的逻辑推理能力的提高，能理解如利息、投资等更复杂的概念。

金钱在一定程度上可以提供心理安全感，积累钱财会让有些孩子觉得拥有掌控力，减少焦虑。家长的消费方式、言行和对金钱的态度也会直接影响孩子的金钱观。

家长工具箱 "价值 VS 价格" 讨论

● 错误案例

▲ 一味批评孩子"爱钱""小气"。

这样的说法容易让孩子产生羞愧或反感，进一步加强对金钱的执念或防备心理。

▲ 拒绝所有金钱相关话题。

过度回避会导致孩子在金钱观形成的关键期被忽视，错过教育与引导机会。

▲ 用金钱惩罚或奖励情绪。

如"你表现好我就给你钱"，会让孩子将价值与金钱绑定，忽略行为本身的意义。

● 高情商沟通

▲ 设定日常金钱对话的正向框架。

用"开放式问题"开启讨论，而不是指责："你觉得这个东西为什么值这个价？""你怎么看剪头发和买玩具，哪个对你更重要？"

引导孩子从用途、情感价值、经济实用性三个角度考虑，而不仅是价格高低。

▲ 设立"购物选择权"任务。

提供一笔固定的预算（如 100 元），让孩子为家人选择一个小礼物，并说明他是怎么决定的。

鼓励孩子思考：这个选择会让收礼物的人快乐吗？是不是因为它便宜才选的？

▲ 设定明确规则与"价值行为"的正面强化。

明确告诉孩子：借给同学的文具不是用来卖的，帮助别人是一种分享，而不是赚钱的机会。

养育
关键词　　**理财教育**

理财教育能帮助孩子学会合理规划和管理自己的零花钱，了解储蓄、消费和投资的基本概念，为未来独立生活和财务管理打下基础。

理财教育能帮助孩子树立正确的金钱观。让孩子明白金钱的来源和用途，认识到金钱不是生活的唯一追求，理解什么是合理需求、什么是消费主义和享乐主义陷阱。避免儿童形成拜金主义观念或产生过度消费的行为。引导他们认识到人的需求是物质和精神双重的。锻炼他们在面对金钱相关问题时的分析思考和决策能力。通过不断地实践和锻炼，让他们学会合理分配资源，为未来做好风险控制。

一些研究发现早期接受过系统理财教育的儿童，在青少年时期和成年后往往具有更好的理财能力和消费观念，更能合理地规划个人财务。

小贴士

理财不是一味节约，积聚钱财。它是对人生的布局和规划。

孩子为什么迷上
"别人家的豪宅"？

场景重现 羡慕朋友家大房子的孩子

儿子在学校里交到几个好朋友，有时会约了一起到某个朋友家去玩。有一天他从朋友家回来后特别兴奋地向我描述了朋友家的大房子："他们家真的好大好豪华！甚至有两个卫生间。"随后他满脸期待地问我："妈妈，我们什么时候能住这样的房子？"

我一时不知道如何回答，既担心孩子开始攀比，又不想让他因为家庭条件产生自卑。我不由地开始思考："他为什么突然关心这些？是因为在学校被比较了吗？我该怎么告诉他'幸福不只在于房子的大小'？"

心理视角 在与周围信息的比较中成长

以社会比较理论的观点来看，其实孩子会问出此类问题，是因为他们缺乏客观的信息来评价自己。这个理论核心前提是，人们不断使用有关他人观点和能力的信息来评估自己的观点和能力。因此孩子会和身边的同伴们，或者电视、网络等渠道获得的信息，来和自己进行比较。

在这个过程中他们不断探索，逐渐形成对"财富"和"成功"的概念。孩子在成长过程中，会自然地注意到家庭条件的差异，会逐渐认识到自己的家庭在他所认知的社会环境中所处的地位。因此，在孩子成长的过程中，我们应当关注他们所接触的信息是什么样的，并不断对他的一些认知进行讨论和引导。避免发生过度关注物质，因为物质条件而感到自卑或骄傲，忽略了更有意义、更有价值的事情。

家长工具箱 让孩子理解"幸福并不取决于房子的大小"

错误案例	"别人家有钱，关你什么事?" "你不努力读书，以后会比我们更穷!"
正确沟通	开诚布公地告诉孩子自己的选择，作为父母我们更看重的是什么? 也应当让他对不同家庭之间的经济状况有所认知。

家长可以说:"不同行业不同人生选择，是否能抓住时代带来的机遇，这两点会很明显地拉开人和人之间的财富距离。"

也可以告诉他:"爸爸妈妈也会期望有更大的房子，但是房子的功能是居住，可能我们的小房子出行更方便，上下学距离更短。而且房子的大小并不能完全替代'家'的温度。"

● 家庭小游戏:"幸福地图"

这个游戏可以启发他对于幸福的感知。我们可以和孩子一起列出"让我们家幸福的事情"。

▲ 第一步:我们可以先来举例。"爸爸妈妈喜欢和你靠得

很近，陪你一起看电影""周末一起做饭，让我们觉得很幸福温馨""家的周围有很多朋友和小伙伴"……

▲ 第二步：在这个过程中向孩子表达自己的幸福感。

通过这种示范帮助他理解幸福不只是物质，也能引导他发现和确立自己的幸福观。

▲ 第三步：让孩子模仿这个过程。先列出让自己觉得幸福的事物，再引导他说出自己在接触这些事物时的感受。

养育关键词 **幸福感**

幸福感是指人类基于自身的满足感与安全感而主观产生的一系列欣喜与愉悦的情绪。通俗来讲，幸福感就是当我们心里觉得满足、安全、开心、快乐的时候，所感受到的那种美好的感觉。

在我们成长的过程当中，会遇到很多让自己感到幸福的事情。例如，取得学习和工作成果的成就感；出去旅游，欣赏到美景和品尝到美食的满足感；和爱人、伙伴共度的时光中获得的放松感和归属感。但不仅是孩子，甚至包括成人，也很容易受到很多商业信息的影响，逐渐忽略了幸福感本身，而变得去追求更多的财富和更高的消费，错以为那才是幸福感。

小贴士

幸福的来源多种多样，我们要主动拥抱幸福，而不是让自己一直处于寻找幸福的路上。

如何回应"我们是穷人，还是富人？"

场景重现 想知道自己家有多少钱的孩子

孩子今年小学四年级，随着年纪渐长，他似乎对家庭的经济状况产生了浓厚的兴趣，总是有意无意地探听着家里有多少财产。有一天放学回家突然对我发问："妈妈，我们家到底有钱吗？是算有钱人呢，还是穷人？"

我一时愣住了，只能先打着马虎眼，勉强回答道："我们家，还好吧。这不是你现在要关心的事。反正不会缺你的。"孩子为什么会有这个问题？是因为在学校听到了同学的讨论？还是最近家里买了什么大件让他产生疑问？我要怎么回答，才能让孩子客观地认识到家庭的经济状况呢？

心理视角 发现家庭的社会位置

如前文所说，儿童在6—10岁开始意识到金钱的作用，这个阶段他们就会通过对比他人，形成对"富裕"或"贫穷"的认知。到了青少年时期，社会比较更加复杂，更加多元化。

家庭是塑造孩子的起点，贫困家庭中由于始终面临窘迫的现实困境，孩子会在很小的时候就意识到家庭的经济情况。而普通家庭和小康家庭中的孩子就容易产生疑惑。为什么有些东西自己可以拥有，另一些则不行？对于孩子的困惑与好奇，家长的回应方式会在很大程度上影响孩子对财富的态度：是学会理性管理，还是变得焦虑或过分依赖金钱。

家长工具箱　如何让孩子正确理解财富

● 错误案例

▲ "这不是你该问的问题。"

这样的回答实际上一方面打击了孩子的好奇心，另一方面从情感上拒绝了孩子参与家庭事务的尝试。这种方式会让孩子转向其他渠道去获取信息。同时也让孩子觉得自己并不是家庭中重要的成员。

▲ "家里有的是钱，别担心。"

如果得到的是这种答案，那么孩子物质消费的欲望很可能会被刺激得越来越大。当某一天家庭因为某种原因无法满足，或不愿迁就他的时候，他就容易认为父母不爱他，在控制他。在应对人际关系等问题上，孩子也可能更倾向于用钱去解决，而不会关注到其他的方式。

● 高情商沟通

"钱是我们用来满足生活需要的工具，我们有足够的钱过上健康快乐的生活。即使暂时遇到金钱上的困难，我们也可以通过努力，让生活变得更富足。"

我们需要先为孩子定义，金钱是一种工具，而非人生的目的。为孩子树立基本的金钱观。然后再告诉孩子我们的生活是有基本保障的，缓解孩子可能存在的焦虑感。之后再以拓展的方式引导他去思考人生的价值和意义：我们如何来定义幸福与快乐，如何做出积极正确的选择。

养育关键词 **价值观**

对于孩子来说培养正确的价值观非常关键。告诉孩子，一个人的价值不仅仅取决于拥有多少钱或物质财富，更重要的是要有良好的品德、知识和能力。鼓励孩子努力学习，培养自己的兴趣爱好和特长、积极进取的态度、敏锐的观察力和执行力，一定能帮自己积累更多的资源，让自己长大以后有更多自由选择的权利。通过自己的劳动为社会作出贡献，才是真正有意义的人生。在这个过程当中，财富的回报可能只是其中的一个部分，如何合理规划和运用自己的金钱，也是我们需要不断学习和思考的内容。

小贴士

富裕和贫穷容易变化，但思维上的枷锁往往更难摆脱。

我们无法决定孩子是否出生在富裕或资源有限的环境，但我们可以帮助孩子建立一种积极、灵活的金钱观和价值观。比起单纯强调"要努力赚钱"或"钱很重要"，我们更应该引导孩子树立健康的价值观，让他们能在未来面对社会诱惑、压力与差异时，坚定地做出有尊严、有思考的选择。

做家务索要报酬？
教孩子规划自己的收入

场景重现　申请零花钱的孩子

孩子最近开始帮忙做家务，比如洗碗、收拾房间、倒垃圾。一些力所能及的事情，他完成得也比较认真。但有一天，他突然问："如果我每天帮忙做家务，你可以给我一点零花钱吗？"我不知道怎么回答比较好，只能先和他说："家务是你应该做的，至于零花钱，我和爸爸讨论一下再决定怎么给你。"

我理解孩子到了这个年纪，会想要一定的零花钱来自主购买想要的东西。但我有些纠结，是否应该给孩子做家务的报酬？给的话，会不会让他觉得所有的家务都要用钱来衡量？不给的话，又如何培养他的金钱管理能力？

心理视角　收入与付出的平衡

当孩子通过社会学习开始发展出对于金钱的初步认知时，家长就应及时在家庭教育中适配恰当的财商教育内容，逐步建立与现实相适应的金钱观。

首先，要明确人必须要参与劳动，以劳动来获取报酬。但同时，在家庭和其他社会关系当中也要有责任观念。这时的劳动价值就不能简单用金钱来衡量，而是通过每个人的分工合作维持和改善自己所处的社会环境来获得回报。如果所有劳动都与金钱挂钩，就会削弱人的责任感和存在价值。

其次，我们要让孩子了解，多劳多得和不同劳动形式会有不同的价值。我们在为自己争取经济利益的同时也必须尊重他人的劳动付出。即使不能以金钱来对他人进行奖励，也可以用感谢等方式来回馈对方。

家长工具箱 模拟经济系统让孩子理解金钱

● 错误案例

▲ 指责孩子想要索取报酬的行为，并进行语言攻击："我们为你做了那么多事情谁来给我们钱？"

▲ 阻止孩子做家务，并告诉孩子："你只要好好读书，家里的事情你不用管"；或者说："你要多少钱，我们都会给你的。"

这些行为都会削弱孩子的自我效能感和家庭归属感。

● 高情商沟通

尊重孩子想要获得可供自己支配的金钱这样的愿望。和他商量确定以什么样的方式和额度获取一定的零花钱。当他能够较好地管理自己的零花钱时，可以给予一定的奖励。

● 家庭小游戏

▲ 家庭银行系统：家长可以和孩子一起设立一个"家庭银行"，让孩子管理自己的收入和支出，比如"每周赚取5元零花钱，

但可以存入'银行'赚取利息。"也可以加入"复利"的模式。

▲ 延迟满足奖励：当家长觉察到某件东西其实是孩子一时冲动想要购买的，可以同孩子协商，如果暂时放弃消费计划，那么在一段时间后可以获得一定的奖励。

这些方法可以让孩子体会到储蓄的作用，避免养成冲动消费的习惯，也对延迟满足的行为进行了正面强化。

养育关键词 **培养责任感**

我们应当灌输给孩子积极正确的责任观念，通过言传身教的方式培育他们的责任感。在儿童青少年阶段，可以这样告诉他们：责任感就是一个人对自己做的事情负责，知道什么是自己应该做的，什么是不应该做的，做了之后会有什么后果。具体来说，让他们学会对自己负责、对自己身边的人和物给予适当的照料，能遵守并主动维护行为规范。例如，管理好自己的时间，自己收拾房间，都是一种对自己负责的方式。

在行动上我们应当鼓励孩子在家里、社区、学校都积极参与一些力所能及的活动。参与过程中，不仅能让他们深刻理解责任感的意义，当任务完成的时候，他们也会获得成就感，增强自信。

小贴士

告诉孩子，照顾好自己、家人、财产和周围的环境就是了不起的责任感。

玩具店里的"棉花糖时刻"：培养孩子延迟满足能力

场景重现 **玩具店里哭闹的孩子**

周末的玩具店里，五彩斑斓的货架上摆满了各式各样的玩具，孩子们的笑声和欢呼声此起彼伏。儿子站在一排遥控赛车前，目光瞬间被一辆价格不菲的炫酷赛车吸引，眼睛亮得像夜空中的星星，小手紧紧拽着我的衣角，满怀期待地说："妈妈，我要买这个！"

我心里一紧：又来了！儿子总是这样，看到喜欢的东西就立刻想要，如果不满足他，他就会哭闹不止，甚至大发脾气。可一想到还没还清的房贷、兴趣班的费用，还有家里的日常开销，经济压力扑面而来。我该怎么办？直接拒绝，还是咬咬牙买下？

心理视角 **棉花糖实验的启示**

20 世纪 70 年代，心理学家华特·米歇尔进行了一项著名的"棉花糖实验"。实验中，研究人员给孩子们每人一颗棉花糖，并告诉他们：如果能等待 15 分钟不吃，就能再得到一颗。结果发现，那些能够忍耐欲望、成功等待的孩子，长大后不仅在学业上表现更出色，在社交和情绪管理方面也更具优势。他们展现出更强的自律性、耐心和目标导向性，能够更好地应对生活中的挑战。

这项实验揭示了延迟满足的重要性：当孩子学会克制当下的欲望，等待更大的回报时，他们会逐渐建立起自信心和自我认同感，相信自己有能力掌控生活。同时，这一过程也锻炼了他们的情绪管理能力，使他们在面对诱惑和挫折时，能够保持冷静和理智，避免冲动行事。

**家长
工具箱** 如何科学回应"买不起"

- **错误案例**

▲ 哭穷式拒绝："家里穷，别乱花钱！"

这种表达会在孩子心中种下自卑与匮乏感的种子，影响他们对自我和家庭的真实认知，甚至在未来对金钱产生过度渴望或恐惧。

▲ 敷衍拖延："下次再买！"

敷衍的回答不仅会破坏孩子对家长的信任，还会加剧他们内心的焦虑，甚至让他们对"下次"失去信心。

- **高情商沟通**

▲ 第一步：共情需求。

"这个赛车看起来超酷！这个车头的设计和颜色都是你最喜欢的，对吗？"

用这样的话语肯定孩子愿望的合理性，让孩子感受到被理解。

▲ 第二步：坦诚沟通。

"妈妈也很想满足你，但我们现在需要把钱留给更重要的地方，比如你的画画课和下个月我们家去旅行的花销。"

用具体目标替代抽象的"没钱"，让孩子明白家庭财务的规划。

▲ 第三步：赋能计划。

"如果你真的很想要，我们可以一起定个存钱计划。比如如果你愿意每天帮爸妈收拾碗筷或者倒垃圾就能赚 2 元钱，加上你的零用钱，不久以后你就能自己买了。"

让孩子将"等待父母满足愿望"转化为"依靠行动去自己实现愿望"，培养孩子的自主能力。

养育关键词 延迟满足

延迟满足的本质，是帮助孩子理解金钱、时间、精力都是有限的资源，需要我们去权衡和合理分配。更重要的是，它让孩子明白："通过努力实现目标"的信念远比物质本身更有意义。这种能力不仅能赋予孩子面对困难的勇气和解决问题的能力，还能让他们在未来的人生道路上，无论遇到何种挑战，都能凭借自己的努力和信念去克服，实现自己的人生价值。

在孩子成长过程中，每一次面对"买玩具"这样的场景，都是一次引导他们学习延迟满足、树立正确价值观的宝贵机会。家长们要善于把握这些瞬间，用科学的方法陪伴孩子成长，让他们在充满爱与智慧的环境中，逐渐成长为有担当、有毅力的人。

小贴士

延迟满足不是压抑需求，而是教会孩子如何在等待中寻找乐趣，在努力中收获成长。

爱在心口难开

一辅导作业就"火山爆发"：如何避免成为"怒吼式家长"

场景重现 辅导作业的崩溃瞬间

晚上8点，台灯下，作业本摊开着，儿子咬着铅笔头，半天写不出一个字。我指着数学题，尽量保持耐心："这道题和昨天的例题一样，先算括号里的部分。"他点点头，却在草稿纸上画起了小人。十分钟后，答案依然是错的。我的声音开始发抖："刚刚不是说懂了吗？怎么又错了？"他缩了缩脖子，眼泪在眼眶里打转。

我深吸一口气，想起上周的承诺——"再也不吼孩子"。可此刻，挫败感像火苗一样蹿上来："我讲了三遍，你根本没在听！"儿子"哇"地哭出声，我也瞬间后悔，为什么总是控制不住？不吼他就不认真，吼了又伤他自尊。这死循环，到底该怎么破？

心理学视角 情绪调节过程模型

美国斯坦福大学心理学教授詹姆斯·格罗斯曾提出了一个被大众广泛认可的情绪调节过程模型，意在帮助人们更好地管理自己的情绪体验。在该模型中，情绪反应被激活前情绪调节的关键在于"认知重评"，即个体通过改变自己对事件本身认知来降低压力感。

换言之，情绪的失控往往源于家长对情境的解释。当家长辅导作业时，大脑不自主地将孩子的表现与自己的内在预期做对比，若孩子反复出错，家长可能就会认为"他不用心"或"我教育失败"，在这种认知偏差的影响下产生强烈的挫败感和焦虑愤怒情绪，最终以怒吼释放压力。

家长工具箱　情绪缓冲三步法

第1步 生理暂停

当察觉到自己呼吸急促、声音变高时，暂停手上的动作，深呼吸三次或对孩子说："妈妈需要去喝口水，你也站起来活动一下"，离开现场一分钟。身体的冷静能阻断情绪上头的失控反应，让理智重新回归。这一步看似简单，实则至关重要，它能在情绪风暴来临前，为家长争取到宝贵的冷静时间。

第2步 视角转换

将"他学不会意味着我教育失败"的想法调整为"他需要更多的时间和耐心去掌握"。把"他怎么又错了？"转化为"他卡在哪里了？"这样的视角转换，能让我们以一种更包容、更支持性的态度去面对问题，用好奇代替批判，聚焦问题而非结果。

第3步 合作赋能

引入"角色互换"游戏，让孩子扮演老师，家长扮演学生。在角色互换的过程中，孩子需要讲解题目，而家长则以学生的身份提问和反馈。这种合作方式不仅能够帮助孩子巩固知识点，还能增强他们的自信心和表达能力。同时，家长也能从孩子的讲解中，发现可能存在的理解误区，从而更有针对性地给予指导。此外，角色互换有助于增进亲子间的互动和交流，让孩子感受到被尊重和被信任，更主动地参与到学习中来。

养育关键词 情绪缓冲

辅导作业是家长与孩子共同面对挑战的协作过程，情绪缓冲不是压抑感受，而是让家长在冲突爆发前，通过短暂的抽离或身体平静，激活理性思维，将"对抗"转化为"对话"。这不仅涉及家长与孩子之间的平和沟通，还包括家长与自己内心的非合理认知对话。当家长学会管理自己的焦虑，孩子才能获得足够的心理安全感，从害怕犯错转向敢于尝试。

每一次忍住怒吼的瞬间，都是在为孩子示范：困难并不可怕，可怕的是被情绪所支配。这种潜移默化的影响，会让孩子在未来面对挫折时，更加冷静和坚韧。

小贴士

辅导作业前，家长可默念三句话。
"错误是学习的机会。"
"我的情绪稳定是孩子最好的安全感。"
"成长比成绩更重要。"

"要不是为了你"
真的不能说吗？

"要不是为了你！"

晚饭后，我们一家围坐着欣赏电视里的舞者表演。"爸爸，我也想像电视里的女孩那样跳街舞！"女儿从口袋里拿出街舞班宣传单，"我觉得跳街舞很酷！"女儿的眼睛亮得像沾了晨露。孩子爸爸皱眉说："这学费可不便宜，要不是为了你，我们才不会这么花钱。"孩子听后低下头，小声说："那我不学了吧。"我看着孩子失落的表情，心里一紧，我理解孩子爸爸是基于家庭经济压力的考虑，也想告诉女儿，要学会感恩，可似乎这样的表达让孩子无形中有了负担。该怎么引导队友换种方式表达，既能鼓励孩子，又能让她感到父母之爱不易？

心理
视角 过度内省

心理学家伯纳德·韦纳的归因理论告诉我们，在生活中，我们常常倾向于将各类事件归因于内在因素（能力、努力等自身特质）或外在因素（任务难度、运气等环境压力），在家庭教育中，归因方式是否恰当，对孩子的成长影响深远。

当父亲将"要不是为了你"这种听上去牺牲感强烈的话

说给孩子听时，实则是将家庭经济压力归因于孩子的需要（外在不可控因素）。长此以往，会让孩子产生从"爱"到"债"的归因偏差，认为："学费高昂是因我而产生"（外在归因），而非父母"爱意的表达"（内在选择），父母不当的语言传递，形成孩子扭曲的自我认知，以及幸存者内疚、讨好型人格、习得性无助或自我惩罚倾向。

家长工具箱 智慧表达"付出"，重塑感恩教育

● **错误案例**

"我们花了这么多钱，你不好好学怎么对得起我们？"

过于强调付出与牺牲，这会让孩子觉得需要通过努力学习来回报父母的"牺牲"，让孩子感到压力，甚至产生逆反心理，降低了最初学习的内在动机，也会引发其对自我价值的怀疑。

● **高情商沟通**

▲ 第一步：共情需求。

"街舞看起来的确挺酷，看得出来你真的很喜欢。"

用这样的话语肯定孩子愿望的合理性，让孩子感受到被理解。

▲ 第二步：积极反馈，重构归因。

"我们愿意支持你，街舞能让你更快乐，这是我们所珍视的事。"

将孩子的注意力从"亏欠感"转移到内在能力与自主选

择上，从而打破认知扭曲，需要注意的是，积极反馈法需要避免"过度"赞美。

▲ 第三步：坦诚沟通，权利赋能。

"街舞的学费是一笔不小的钱，这笔钱还可以用于国画课或者我们今年的出游规划，我们一起来讨论下如何分配?"

这样的话语鼓励孩子从家庭经济的"索取者"变为"同行者"，将感恩转化为积极的动力，而非内疚。同时，避免使用控制性的语言，通过共同决策和选择权来赋能孩子，使其理解选择伴随的责任。

养育关键词 **感恩教育**

当父母不再把"付出感""牺牲感"当作道德筹码，而是坦然分享"我们爱你，所以愿意为你创造机会"，孩子才能真正理解感恩的本质——不是偿还，而是爱的传递。更重要的是，家庭的互动、亲子沟通的语言是塑造孩子"自我"的"隐形雕刻刀"，我们要学会与孩子一起合理归因，智慧沟通，让孩子在语言中感受到自己存在的意义，帮助他们在未来的道路上走得更加自信与坚定。

小贴士

一句"为了你"若说得不当，容易让爱变成负担，用理解代替牺牲感，让孩子在温暖中学会感恩。

养儿养女大不同？
性别差异与养育误区

场景重现 男孩要勇敢，女孩要乖乖？

春日的公园樱花纷飞，五岁的阳阳和妹妹朵朵在草坡追逐打闹。阳阳一个跟跄擦破膝盖，眼见要哭出来，老公立马厉声喝止："男子汉，不许哭！自己爬起来！"男孩咬唇爬起，一语不发。三米外的朵朵因踩到石子摔碎发卡，大哭撒泼，我赶忙上前扶她起来，抱在怀里哄劝："好了，要乖，女孩子哭成这样很难看。"面对我俩的应对，两个孩子似乎都不买账，和谐的郊游场景转变成一场家庭冲突。

我们都为家有儿女感到庆幸，也深知养儿养女大有不同，每每遇到这种冲突场景，就会变得手足无措。

心理学视角 生理差异与刻板印象

心理学家迈克比与杰克林的生物性别差异理论指出，男孩和女孩在大脑结构与激素水平上的差异，会使其在认知、社交、情感表达中表现不同，例如，男孩有宏观思维优势，女孩有细节整合优势；男孩爱冒险，女孩易共情。尽管可能在表达方式上有所不同，但这被归因于"天生"的差异，实则是生理与社会环境共同作用的结果，这也是社会大众对性别刻板印象的误区。

对性别的刻板印象会影响父母对孩子的教养，使得男孩和女孩的共性需求被忽视，无论是儿子的泪水，还是女儿反复哭泣的委屈，背后都是孩子未被看见的情感需求，我们要做的是"看见"孩子，当他们的需要都能够被理解、支持和尊重，才会有更多元、全面的发展。

家长工具箱　去除刻板印象

● 错误案例

▲ 性别刻板印象："你是男/女孩，不许哭/要温柔！"

看似在培养男孩女孩"坚强""善解人意"的话语，实则在压抑孩子情绪，造成情感隔离。

▲ 情感威胁："再哭/不听话就不喜欢你了！"

看似是制止行为、建立规则的话语，实则是在用情感勒索的方式，打破孩子的"安全感"，使其陷入焦虑，甚至造成对自我认知的偏差。

● 高情商沟通

▲ 第一步，共情，允许情绪表达。

"阳阳，刚刚摔疼了吧！没关系，疼了就哭出来，爸爸小时候也摔过。"

"发卡坏了确实让人难过，我们朵朵用眼泪在说'这好可惜'，对不对？"

消除"男孩不能哭"的羞耻感，用"眼泪会说话"替代否定情绪，肯定情绪合理性，使其感到被理解和接纳。

▲ 第二步，非语言及肢体抚触，舒缓情绪。

放慢语速、降低音量，蹲下身平视孩子，并适当拍抚臀部、脊背，可舒缓孩子激动的情绪。

▲ 第三步，中性化表达，助力探索。

"阳阳刚才摔倒之后自己在吹膝盖，是不是在给自己'做治疗'？我们一起当小医生，把伤口处理干净吧！"

"我们一起来做珠宝修理师，看看给发卡创造新的样子来？"

用"小医生"替代"男子汉"，突破"女孩哭不好看"的刻板印象，"看到"孩子尝试其他可能的具体行为，把哭泣化为创造力，助力孩子探索和创造性思维。

育儿关键词　性别差异

男孩和女孩的成长路径可能不同，但都需要被理解和支持，父母应避免用刻板印象来影响教育方式。在日常实践中构建性别平等的成长环境，让每个孩子都能挣脱"标签"，探索属于自己的星辰大海。

小贴士

关注孩子的个性，而不是性别，比如"你喜欢什么"而不是"你是男/女孩，就应该这样"。

当二胎来临：用差异化的爱"精准"守护孩子

"你们是不是更喜欢妹妹？"

暮色中的客厅，在被老公呵斥后，4 岁的儿子一脸委屈地蜷缩在沙发角落，手里攥着一只褪色的毛绒兔子。他刚刚趁 7 个月大的妹妹睡觉时故意尖叫吓妹妹，老公因此呵斥了他。儿子突然躺地哭喊："你们都不要我了！你们是不是更喜欢妹妹？"

我心头一紧：天呐，怎么办？二胎的到来，不仅改变了家庭结构，更改变了老大，这个曾经乖巧的孩子变得异常敏感，常常情绪行为失控。面对孩子的需求，我们自认为已经尽量公平，甚至更偏向于老大，可为什么孩子似乎感受不到我们的付出，效果适得其反呢？我们该怎么办？

爱的"竞争"

在孩子的世界里，他们对于"爱"的感知是非常直接和敏锐的。当二宝降临，家庭结构发生变化，大宝会本能地觉得自己的"爱"被分走了一部分。就像心理学中"手足竞争"理论所揭示的那样，孩子争夺的核心就是父母的关注和爱。安全依附理论和社会比较理论也向我们揭示：孩子会通过行为激活策略（如哭闹/攻击/退行）重新获取关注，在多子女家庭更是如此，他们会不断感知和比较父母对待自己和同胞的方式和态度，从而来认知和形成自我。当感知到不合理的差别对待的时候，易导致其安全感和归属感未被满足，内心就会产生不安和焦虑，进而引发一系列的"竞争"行为。父母如何识别以及满足孩子不同阶段的情感需求从而修复情感依附纽带尤为重要。

**家长
工具箱** *感知成长*

- **话术调整**

错 误 案 例	高 情 商 沟 通
妹妹还小，你让着点是应该的！	你们都是家里重要的一员，我们都爱你们。
我们没有偏心，你想多了！	谢谢你告诉我你的感受，这对妈妈很重要，我们一起来想办法，让你也有属于你的特别时光。
妹妹多乖，你怎么不听话？	你和妹妹有不同的性格，你擅长讲故事，她喜欢笑。

- **科学策略**

▲ 探讨并守护老大的"专属"，用"资源倾斜"补偿老大的情感需求：每天 20 分钟的专属时间/专属亲子间"小暗号"手势（如碰额头）/家里专属空间等等。

▲ "爱的抱抱"：不论多大的孩子，都需要来自父母真诚的拥抱和抚触，这是安全感的亲密原动力。

▲ 仪式感重构家庭依恋系统：每月举行"回忆日"，如重温老大出生时的全家福，强调"老大的到来曾让全家无比幸福"。

▲ 角色赋能：赋予老大"特殊职务"，如"玩具管理员""睡前故事姐姐""弟妹守护者""冲突调解员"，增加其在家庭中的价值感与权威性。

▲ 在成长的不同阶段，为老大设立"成长任务"，让他觉得自己是家庭中被认可的"大孩子"，而非"被忽略的孩子"。

育儿关键词　情感需求

在二胎或多胎家庭中，公平不是刻板的公式，而是根据孩子们的年龄、性格和发展的不同阶段，动态地去调整"爱的表达"，以满足情感的需求。用差异化的爱"精准"守护每个孩子的独特性，尤其对于老大而言，他们需要在家庭结构变化后依然感受到"我很重要"，才能避免因"被取代感"引发的心理危机。

小贴士

对老大的偏爱不是偏心，而是让他重新确认：你的位置从未被取代。

悬在半空的手掌：惩戒教育的困境与破局之道

场景重现　悬在半空的手掌

餐桌上，牛奶杯第三次被儿子故意推倒，乳白色的液体顺着桌沿滴落，在地板上汇成一片水洼。我蹲下身擦地，生气地说："说过多少次了，不要这样玩。"他嬉笑着又推倒盐罐："妈妈擦地好像小乌龟！"

理智的弦在那一刻崩断。我猛地拽住他的胳膊，手掌不受控地扬起，他惊恐的眼神像一盆冰水浇下。手悬在空中颤抖——打下去，他会不会记住教训？不打，难道放任他继续挑衅规则？最终那一巴掌重重拍在桌上，他吓得大哭，而我瘫坐在一片狼藉中，分不清脸上是汗水还是眼泪。

心理视角　体罚的短期镇痛与长期毒性

班杜拉的社会学习理论通过"波波玩偶实验"，揭示了儿童如何通过观察和模仿习得行为，尤其是攻击性行为。实验中，班杜拉让儿童观察成人对波波玩偶表现出攻击性或非攻击性行为，随后发现，观看攻击性行为的儿童更可能模仿这些行为，甚至创造性地增加新的攻击方式。

从本质上看，这种现象反映了社会学习理论的核心观点：

行为习得不仅依赖于直接经验，还通过观察和模仿完成。如果家长在日常生活中频繁使用打骂解决问题，孩子可能会模仿这种行为，将暴力视为一种适应性策略，认为暴力是有效的冲突解决方式，从而在面对挫折或冲突时选择模仿这种方式。此外，孩子可能通过模仿暴力行为来表达情绪，例如殴打同龄人，或者发展出病态的防御机制，如撒谎以逃避惩罚。因此，家长的行为示范至关重要，要通过积极的榜样作用引导孩子学习正确的冲突解决方式。

家长工具箱）从对抗到共建的教养革命

● 错误案例

▲ 情绪化惩罚："现在就去罚站！站到你知道错为止！"

这种表达会引发孩子的屈辱感而非反思，可能造成创伤记忆。

▲ 秋后算账："等爸爸回来收拾你！"

这种表达会制造持续焦虑，破坏家庭安全感。

● 高情商沟通

▲ 第一步：创造冷静空间。

（1）"火山喷发"呼吸法。

家长与孩子共同练习"吸气4秒—屏息4秒—呼气6秒"，降低生理唤醒，在冲突即将发生时使用。

（2）压力球转移装置。

当孩子出现破坏冲动时，递上可挤压的弹性球："试试看捏它会不会比摔东西更解压？"

▲ 第二步：建立行为—后果认知链。

（1）"选择轮盘"工具。

绘制包含 3~4 个补救方案的转盘（如道歉、清理现场、承担一项家务），让孩子自主选择后果承担方式。

（2）行为复盘日记。

睡前用"发生了什么—我的选择—下次可以怎么做"三栏表格，帮助孩子建立反思路径。

▲ 第三步：构建正向反馈系统。

（1）"星星银行"机制。

每累积 5 次自主收拾玩具/控制情绪的行为，可兑换"特别时光券"（如决定周末家庭活动）。

（2）家庭理事会。

每周召开 10 分钟会议，让孩子参与制定/修订规则（如"泼水需自己擦地"），提升规则认同感。

▲ 第四步：破镜重圆—修复对话四部曲。

当失控打骂还是发生后，用"修复对话"重建信任：

（1）承认事实：刚才妈妈大声吼叫，还打了你，这个是我不对。

（2）表达情绪：我刚刚确实是太生气了，是因为在那个时候我感觉你没有尊重妈妈的劳动成果。

（3）表达需求：妈妈下次会更好地管理情绪，也希望你可以自己收拾好打翻的牛奶。

（4）开放讨论：让我们一起想想下次遇到这种情况有什么更好的解决办法？

教育不是永不犯错，而是教会孩子在破碎中看见重生的可能。每一次修复对话，都是给亲子关系镀上更坚韧的涂层——那些曾经裂开的地方，终将成为光照进来的通道。

养育
关键词　**行为教养**

孩子的行为模式如同照见家长教养方式的镜子。当家长以怒吼、体罚解决问题，孩子会将其视为"权威者的特权"加以复制。反之，若家长能示范冷静沟通、共情倾听等非暴力解决方式，孩子将逐步构建"情绪调节—问题分析—协商解决"的神经回路。每个冲突场景都是孩子学习处理矛盾的"微课堂"，家长的应对方式即是最生动的教案。

小贴士

教育的本质不是雕刻完美作品，而是点燃一盏盏自我导航的灯。

那些锁门引发的争吵：对孩子的自主权如何放度？

场景重现 锁门学习的冲突

一天下午，孩子放学回家，径直冲进房间，"砰"地关上门并反锁。我敲门问："为什么锁门？"孩子隔着门喊："这样我才能专心！"我皱眉："家里没别人打扰！你到底锁门干吗？"孩子情绪激动地顶着门，眼眶泛红："你就不能尊重我吗？"冲突升级为吼叫，孩子反抗得更厉害，最后大吼："你就是不相信我！"

他是真的需要安静，还是在偷懒？我要不要坚持不让他锁门？

心理视角 锁门背后的成长需求

从发展心理学角度看，孩子锁门并不一定意味着逃避学习，更多时候是他们在尝试建立"边界感"。边界感是个体意识到"我"和"他人"之间有清晰界限的一种心理感受，它代表了个体在空间、情绪和人际互动中的自我保护与独立意识的觉醒。

在青春期或学龄期，孩子开始强化自己的私密性需求，这是发展性个体化的一部分，即他们希望在家庭关系中逐渐从依附走向独立，拥有属于自己的空间和决定权。此时，他们对"隐私"和"被尊重"的敏感性也会显著增强。

从德西与瑞安的自我决定理论来看，孩子锁门的行为可以视作他们在满足三种基本心理需求之一，即自主性（Autonomy）、胜任感（Competence）、归属感（Relatedness）中的自主性。锁门可能是孩子试图创造一个属于自己的空间，以便在不受干扰的情况下完成作业，这也是他们自主管理学习时间和空间的一种表现。

对于部分孩子来说，锁门并不等于逃避学习，而可能是提高专注度的方式之一。契克森米哈赖的心流理论指出，当个体完全沉浸在某项活动中时，会进入一种高度专注、高效且愉悦的心理状态。心流状态类似于"进入学习的最佳节奏"，一旦被打断，就像跑步时突然被叫停，重新加速需要额外精力。

家长工具箱 如何科学应对锁门问题

● 错误案例

▲ 否定需求，激发反抗："锁门就是不想学习！"

这种表达将"锁门"直接等同于"逃避学习"，忽视孩子可能只是需要专注环境，也会激发逆反心理和破坏心流条件。

▲ 表达不信任："谁知道你在屋里做什么！"

这种表达隐含"监视"意味，让孩子觉得家长是"监督者"而非"支持者"，制造对立关系。

● 高情商沟通

▲ 第一步：共情需求。

"你锁门是觉得这样更能集中注意力吗？我们可以聊聊怎么安排学习环境。"

用共情的话语肯定孩子锁门的合理性，让孩子感受到被理解。

▲ 第二步：协商式规则。

"你想锁门是因为觉得这样更能集中注意力吗？我们可以试试看其他方式，比如戴降噪耳机，或者挂一个'请勿打扰'的告示牌。"

▲ 第三步：定期复盘。

"锁门后学习效率有提高吗？"引导孩子自我反思。

尊重隐私但保持沟通，家长可以通过偶尔查看学习情况，而不是频繁干预，让孩子感受到信任。

养育
关键词 　有限自主权

在家庭教育中，鼓励孩子掌握自主权是非常重要的，因为这有助于提高他们的自我教育能力，促进其独立性和责任感的发展。当孩子能够根据自己的兴趣和需要来决定学习内容和方法时，他们更有可能表现出学习的主动性和积极性，从而更好地适应教育环境，发展个人能力。

然而，家长在尊重孩子自主权的同时，也需要确保孩子在安全和适当的范围内行使这些权利。家长可以与孩子沟通，了解他们锁门的原因，并指导他们如何平衡独立性和家庭规则，用"有限自主权"代替绝对控制，让孩子体验自我管理的成就感。确保学习环境既有利于孩子的成长，又符合家庭的整体利益。

小贴士

　　强调孩子的自主权并非要求家长放松对孩子的管教。没有家庭的积极引导，孩子的发展就容易失去方向和支撑。没有自主权，孩子的发展就缺乏生机和活力。因此，对孩子放任自流、疏于管教或过度限制孩子自由、剥夺其自主权，两者都不可取。

质疑二次元，理解二次元，成为二次元，超越二次元

场景重现 奇装异服，不务正业？

深夜，丈夫推开房门走入儿子堆满动漫手办的房间，16岁的辰辰正伏案绘制《咒术回战》中的角色，这是他最爱的二次元人物。丈夫试着和他交流学习近况，却收到了敷衍回应，还被要求预支零花钱，因为儿子预订了后天漫展的门票。"整天穿着奇装异服，不务正业！"看着丈夫骂骂咧咧走出房间，我心里满是惆怅。

自从青春期的儿子喜欢上二次元，家里常常上演紧张的父子冲突。我很担忧：儿子是不是太沉迷了？长此以往影响学习和社交怎么办？要怎么管，才不会让他反感？

心理视角 发展"自我"

发展心理学家埃里克森认为，青春期是形成自我同一性的关键阶段，青少年通过探索不同的角色和兴趣，来探索"我是谁"。二次元中的角色/场景/内容常常就能够体现该阶段孩子"理想自我"与情感的投射，提供了一种归属感和自我表达的方式。一个在现实中遇到了社交困难、学业压力或家庭矛盾等问题的青少年，更容易沉迷于二次元的虚拟空间，去实现

在寻找"自我"的现实过程中可能未被认可的特质。当父母能够理解，并用资源的视角去看待而非一味否定，才能为孩子在现实中赋能，助力其发展"自我"。

家长工具箱 共同探索，共同成长

● 善用沟通技巧

▲ 避免否定/扫兴的沟通："整天研究这些，毫无价值。"

否定的话语方式和态度可能加剧孩子的抵触情绪，甚至让其感受到不被认可，造成自我认知偏差。

▲ 加强兴趣赋能与深度共情沟通："这个动漫看起来很酷，我想多了解一些，我们一起补坑（即阅读或观看动漫作品），做这部番的深度解析可好？"

带着好奇，用开放式替代否定式沟通，倾听而非评判，理解孩子的情感需求，共情和引导的策略可以帮助其找到现实与兴趣的平衡，而建设性的沟通和共同的参与助力进一步缓解亲子冲突。

● 共同建立"家庭规则"

商定每日娱乐时间（如每天学习后有 1 小时二次元时间）；在家中设立"二次元角"，允许孩子在此自由创作，但约定"生活和学习等重要任务优先"；用"漫展基金"激励学习，合理引导孩子在兴趣与现实之间找到平衡。

● 兴趣扩展

通过二次元，让孩子在现实世界中找到成就感。比如孩子喜欢画二次元风格漫画，可以鼓励他学习更系统的美术技巧，让兴趣成为技能。鼓励孩子参与跨领域的活动，比如动漫+编程比赛，让他看到兴趣的多种可能性。

养育关键词　**情感投射**

青春期的孩子可能通过二次元角色来表达现实中未被满足的情感需求，比如归属感或自我认同。当二次元成为青春的密码，成为青少年探索自我、表达情感的一种方式，家长们要做的就是带着"资源""优势"的视角，和孩子共同探索，一起识别兴趣背后的情感投射，用科学智能的方式"转危为安"。

小贴士

家长可以主动了解一些二次元文化，与孩子建立共同话题，而不是简单地否定。

青春期的"独立宣言"：用对话化解亲子冲突

场景重现 沉默的孩子与失控的争吵

推开儿子的房门，台灯下他正戴着耳机刷手机，作业本摊在桌上却只字未动。我轻轻敲了敲桌子："快十一点了，该睡觉了。"他头也不抬："知道了。"半小时后，房间依然亮着灯。我忍不住提高声音："再熬夜明天又起不来！"他猛地摘下耳机："别管我！"我脱口而出："你怎么这么不懂事？"他"砰"地摔上门："你凭什么总管我？"

站在门外，我的手微微发抖。那个曾经叽叽喳喳分享学校趣事的小男孩，如今只留给我一扇冰冷的门。为什么我的关心变成他的枷锁？为什么越努力沟通，距离却越远？

心理视角 青春期的"独立宣言"与一场关于"我是谁"的认知风暴

发展心理学家埃里克森指出，青春期（12—18岁）的核心任务是建立"自我同一性"——通过探索"我是谁"（探索价值观、兴趣），"我要去哪里？"（思考人生目标与职业方向），"我在群体中的位置？"（定位社交角色与归属感）形成稳定的身份与价值观认同。这一阶段的矛盾行为（如反抗父母、标新立异）本质是青少年推开家庭依赖、确认独立人格的必经过程，如同雏鸟试飞：既需振翅离巢，又需以家庭为情感安全基地。

对父母而言，角色需从"管理者"转向"支持者"。设定底线（如安全、法律）后，应给予试错空间：过度干预会阻碍自我探索，诱发逆反；全然放任则可能导致角色混乱。关键在于平衡监护与放权，通过协商逐步移交自主权（如电子设备使用、社交选择），让孩子在承担责任中内化规则意识。正如雏鸟需气流托举才能翱翔，青少年也需父母的理解与引导，在探索与碰撞中完成身份整合，最终成长为既独立又具社会适应力的个体。

家长工具箱　从对抗到对话的破冰指南

● 错误案例

▲ 情感绑架："我这么辛苦还不是为了你？"

这种表达会让孩子陷入愧疚与反抗的矛盾。

▲ 命令式沟通："再玩手机就没收！"

这种表达容易触发逆反心理，强化孩子的对立情绪。

▲ 比较式批评："隔壁的小明怎么就那么懂事？"

这种表达会摧毁孩子的自我认同，加剧亲子间的隔阂。

● 高情商沟通

▲ 第一步：重构沟通模式。

从指导到探索："你必须 11 点前睡觉"改为"我们讨论

下怎么安排时间既能完成作业又能保证睡眠?"

从审讯到好奇:"今天老师打电话了,你又没交作业?"改为"我猜今天的作业有点挑战性?"

从责备到描述:"你又玩手机不睡觉"改为"我注意到你最近常熬夜"。

从命令到平等:"把手机放下来,听到没"改为"在看什么笑得这么开心,跟妈妈分享一下?"

▲ 第二步:建立情绪安全区。

使用共情式或情绪接纳作为开场:"我注意到你最近有点烦躁,是不是学校压力有点大?"

提供情绪支持:"如果你需要倾诉,我随时都在。"

情绪调节:家长需要管理自己的情绪,避免冲突升级。当孩子或父母情绪较为强烈时,先按下暂停键(比出暂停手势):"你/我现在可能需要空间,我们半小时后再聊好吗?",冷静后再沟通。

▲ 第三步:设计成长同盟计划。

共同制定规则,让孩子参与决策过程,增加他们的自主感和责任感。边界不等于放任,对孩子更加弹性的管理,允许孩子在非核心问题上有选择权,同时家长保留监督权。

例如:协商绘制"原则金字塔"

· 塔尖(不可妥协):生命安全(如吸毒、自残)、法律底线(如盗窃)、道德底线(如校园暴力)

· 中层(弹性调整):作息时间(±1 小时浮动)、电子设备使用(时长可协商)

· 基底（完全放权）：穿衣风格、房间布置、兴趣爱好选择

● **沟通原则**

▲ 鼓励非暴力沟通：避免命令式语言，用开放式问题引导孩子参与讨论。比如一起制定手机使用协议，明确双方的责任和后果。

▲ 信任建立：通过逐步放权，让孩子证明自己能负责任，从而获得更多自由。例如，如果孩子能按时完成作业，逐步延长手机使用时间。

▲ 正向反馈：及时认可孩子的积极行为，强化他们的自主决策能力，比如当孩子主动遵守协议时给予肯定。

养育关键词 **独立和成长**

青春期的本质，是孩子从"家庭附属品"向"独立个体"蜕变的关键阶段。家长的任务并非塑造"听话顺从"的孩子，而是成为孩子探索世界的"安全基地"——既赋予试错空间，又确保他们始终拥有归航的港湾。

每一次叛逆与对抗，都是孩子向成人世界迈出的脚步。家长需要做的是蹲下身倾听而非伸手阻拦，在他们跌倒时递上温暖援手而非冰冷教条。冲突本身并不可怕，错误的方式才是成长的暗礁。当家长学会在边界中守护，在尊重中引导，那些曾经的"烦你"终将化为成人礼上的"谢谢你"。

小贴士

养育青春期孩子就像放风筝——线拽得太紧会断，完全放手会坠，唯有顺着风势收放，才能共赏云端的风景。

手机里的秘密花园：监护权与隐私权之间的平衡木

场景重现 锁屏背后的忐忑

推开女儿房门的瞬间，她迅速将手机扣在桌上，屏幕"咔嗒"一声锁上。"妈！你怎么不敲门？"她皱着眉，语气里带着防备。我端着水果的手僵在半空，那句"吃点苹果"卡在喉咙里，变成一句干涩的"早点休息"。

深夜，她洗澡时，手机在床头震动。我盯着那闪烁的屏幕，心跳如擂鼓——上周她突然换了密码，朋友圈也对我屏蔽。焦虑像藤蔓般疯长：她在和谁聊天？会不会被网友欺骗？挣扎许久，我颤抖着点开未锁屏的手机，聊天记录里只有同学间的玩笑和明星八卦。可放下手机的那一刻，愧疚感汹涌而来：那个曾扑进我怀里说"妈妈我最信任你"的孩子，如果发现这一切，会不会从此对我紧闭心门？

心理视角 隐私边界的构建与信任天平的平衡

传播学者桑德拉·佩特罗尼奥提出的隐私边界理论指出，个体在信息交换过程中会构建隐私边界，用以划定公共和私人领域的界限，并通过一套边界管理规则来控制隐私信息的传播。每个人都在构建自己的"隐私边界"。对于青少年，手机不仅是通信工具，更是划分"自我领地"的象征。当他们用密码和锁屏构筑防线时，实质是在宣告："我有权决定谁能进入我的世界。"这种边界的建立，正是走向独立的必经之路。

真正的安全来自"有限监督"。就像教孩子骑车，既不能始终扶着车座，也不能完全撒手不管。父母需要在尊重孩子隐私边界的同时，进行适度的监督。当孩子感受到家长对其隐私的尊重，反而更愿意主动分享，从而建立信任关系。而强制查看手机的行为，会直接摧毁这种微妙的平衡，触发"心理逆反机制"。因此，父母应尊重孩子的隐私边界，通过开放的沟通和合理的规则来了解孩子的动态，而不是通过强制手段。这不仅能增强孩子的自主感，也能促进亲子关系的和谐发展。

家长工具箱　从窥探到共建的信任指南

● 错误案例

▲ 审讯式质问："你刚才在和谁聊天？手机拿给我检查！"

这样的质问容易激发防御心理，促使孩子更加逆反。

改为："我相信你能做出正确判断，但如果遇到困难的情况，随时可以来找我。"

▲ 道德绑架："我是你妈，看看手机怎么了？"

这样的表达会模糊亲子边界，加剧孩子的羞耻感与疏离感。

改为："我们一起来聊聊如何更好地使用手机吧？"

● 高情商沟通

▲ 第一步：帮助孩子建立边界意识。

在孩子生日时送他带密码锁的日记本，传达"你的秘密值得被珍重守护"的信号，帮助孩子树立边界的意识。

▲ 第二步：鼓励"主动分享"。

设立"树洞时间"：每周预留时间，在轻松友好的氛围下，鼓励孩子自主自愿地分享最近的趣事和困难。每周和孩子聊聊他最近感兴趣的话题，让他感受到家长是可以交流的对象。

▲ 第三步：建立"网络安全同盟"。

（1）和孩子一起协商，共同制定健康的网络使用规则协议。例如：

孩子承诺：不添加陌生网友、遇到骚扰信息立即截图存档，寻求帮助。

家长承诺：未经允许不查看聊天记录，紧急情况需先说明原因。

（2）模拟风险演练：用角色扮演测试隐私判断力。家长模拟网友搭讪场景（如"发红包换照片"），让孩子现场应对，帮助孩子学会识别风险和强化危机处理能力。

（3）当发现孩子浏览不当内容时，用"我担心……"代替"你错了……"例如"我担心这些信息会影响你的判断，我们可以聊聊吗？"

养育关键词 边界与信任

监护不是一场"猫鼠游戏"，而是帮助孩子建立内在的网络安全防火墙。当孩子感受到被尊重，才会自愿将家长纳入"隐私白名单"。给予青春期孩子适度隐私的家庭，反而会提高亲子关系的亲密度。

手机屏幕后的世界不是禁区，而是孩子成长的平行宇宙。家长需要做的不是破门而入，而是站在门口，既守护安全又尊重领地。当孩子知道门后有温暖的灯光和坚实的依靠时，他们才会主动打开那扇门，邀请我们走进他们的世界。

小贴士

边界感是双向建设：家长退一步设立边界，孩子才会进一步建立信任。给予青春期孩子适度隐私的家庭，反而会促进亲子关系亲密度。

最好的监护，不是禁止打游戏或没收手机，而是让孩子感受到"我在守护你"，也愿意为你留那一扇窗。

从沉默到共鸣：搭建亲子沟通的桥梁

场景重现 餐桌上的沉默

桌上的冬瓜汤冒着热气，我一边给孩子舀汤，一边问他："今天在学校怎么样？"孩子头也不抬，盯着手机答道："就那样"。"今天不是数学测验吗？你感觉自己考得还行吗？"我锲而不舍地追问。"还行吧"，又是一句没有下文的回答。"还行是怎么还行？大概能有多少分？""还行就是还行啊。"

每次听到这样的回答，我的怒气就直冲脑门，我已经能够想象到接下来的对话，我朝他大声说"你能不能好好讲话！"，而他则会抬起头一脸冷漠地对我说"我没有好好讲话吗"。自从孩子上了初二，我和他好像很久没有好好聊过天了，大多数时候都以不愉快的情绪结束了对话，我要怎么做才能让他多主动地跟我分享一些他的生活，让我好好了解他呢？

心理视角 亲子沟通非单向的教育输出

心理学家约翰·戈特曼提出的亲子沟通理论以情感联结为核心。具有情感联结的沟通能够帮助父母与孩子建立深度的信任，尤其是青春期亲子关系紧张的情形下。这种沟通模式的关键原则有以下三点：① 用开放式对话（你今天回家好像有点开心，有什么好事发生吗?）替代高压式提问（你今天表现得怎么样）;② 积极互动与情感储蓄，通过日常积极互动（如倾听、赞美）积累"情感储蓄"，抵消冲突带来的消耗，维持亲子关系的"盈余";③ 非暴力沟通，避免批评与指责，用"观察+感受+需求"的句子来表达。

家长工具箱 青春期沟通实战工具

● 错误案例

▲ 封闭式提问:"你今天考试考得好不好?"

这类开场的提问，一方面会让孩子无法进行合适的回答，不敢说考得好也不敢说考得不好，只能回答还行。另一方面，孩子容易产生父母只在乎成绩表现的认知。学习一天已经很累了，但是父母好像只想知道成绩，并不关心自己。

▲ 预设答案沟通:"今天回家怎么这么晚，该不会被老师留堂了吧?"

当孩子的行为模式偏离日常规律时，我们往往会对异常的表现产生负面联想，而这类负面联想被孩子知道后，可能会产生比较强烈的抵触情绪，直接将我们置于即将发生争论的对立面。

● 高情商沟通

▲ 第一步:观察孩子的状态。

"你看起来好像有点疲倦，整个人蔫蔫的，没什么精神。"

向孩子形容你观察到他的样子，让他意识到他有被看到。

▲ 第二步：感受与共情。

"你还好吗？我有些担心。"

表达自己关心和感受，明确自己只是担心他，不是想要打探什么秘密，也不是要看他状态不好想要责备他。

▲ 第三步：询问孩子需求。

"如果你愿意的话，吃完饭后可以跟我分享下发生了什么事吗？"

尊重孩子的意愿，但同时也向他表达父母准备好倾听他的需求。

养育关键词 亲子沟通模式

亲子沟通的本质不是信息收集，而是情感的双向流动。其核心目标在于搭建一座安全桥梁，让孩子确信：无论分享快乐还是困惑，都能在这里获得接纳而非评判，感受到共鸣而非说教。正在依赖和独立之间摇摆的青少年，更需要在沟通中获得理解、尊重与支持。青春期不是亲子关系的终点，而是从"养育"转向"伙伴"的转折点。当父母能够从结果导向的"问题解决者"转变为情感接纳的"情绪容器"，信任由此开始接受滋养，逐渐开花结果，孩子一步步打开心扉，与父母的沟通交流便是水到渠成。

小贴士

尝试主动分享自身经历（如工作趣事、童年糗事），打破"质问—汇报"的权力结构，示范坦诚交流的价值。

谈学习，伤感情？

学习时间里的"游击战"：提升孩子专注力

场景重现 一学习就"来事儿"的孩子

"妈妈，我要喝水！"

"妈妈，我的橡皮不见了！"

每天晚饭后的作业时间，就像一场漫长的游击战。儿子刚在书桌前坐下不到五分钟，就开始"战术性撤退"——喝水、上厕所、找文具、挠痒痒……各种理由层出不穷。原本半小时就能完成的作业，硬是拖成了一小时。我强压着怒火提醒他专心，他却委屈巴巴："我真的要喝水嘛！"

看着他东张西望、玩手指的样子，我既无奈又困惑：他是真的有需求，还是在故意拖延？为什么一学习就各种"来事儿"？难道专注力是天生的，强求不来吗？

心理学视角 尚未完工的"大脑指挥官"

孩子一学习就频繁"找借口"，常被误解为偷懒或叛逆，但从发展心理学的视角来看，这恰恰是儿童青少年大脑发育阶段的自然表现。

执行功能如同一名"大脑指挥官"，负责计划、冲动控制、工作记忆及注意力维持等高级认知能力，而它的核心区域——前额叶皮层，是大脑中最晚成熟的区域之一。对于学龄期的孩子来说，前额叶皮质区仍在持续发展，尚未达到成人水平。这意味着，当他们面对作业这一看似简单却需要调用复杂的执行功能的任务时，冲动控制不足，难以长时间维持注意力。比如，孩子被窗外鸟鸣声吸引并非故意分心，而是生理性地难以抑制转头去看的冲动。因此，专注力是大脑发育的"慢功夫"，催促孩子"专心点"，就像是要求一台小内存电脑同时运行大型游戏和视频剪辑，有时硬件条件并不允许。此外，枯燥或难度较高的作业容易引发孩子的任务逃避心理，在焦虑情绪的驱使下他们频繁找理由离开书桌，实则是在无意识地缓解压力。

家长 工具箱 如何让孩子更专注？

● 错误案例

▲ 高压逼迫："再找借口你就别想和猫咪玩了！"

设置惩罚的回应可能会让孩子变得更加紧张焦虑，反而更难集中注意力。长期的高压逼迫还可能破坏亲子关系，让孩子对学习产生抵触情绪。

▲ 放任妥协："算了，喝完水赶紧写。"

看似温柔的回答会让孩子误以为，只要提出要求，就可以暂时逃避学习。这不仅模糊了学习时间的规则，还可能无意中强化他们的拖延行为。

● 有效行动指南

▲ 第一步：接纳需求，设立规则。

"妈妈知道你现在想喝水，但我们先学习 20 分钟，然后一起去倒水，好吗？"

接纳孩子的需求，同时明确学习时间规则，让孩子感受到被尊重。

▲ 第二步：化整为零，降低难度。

"番茄工作法"：设定 25 分钟专注学习和 5 分钟休息或自由活动的学习节奏，让孩子知道自己有固定的放松时间，减少逃避行为。

"任务拆解法"：将作业拆分成一个个小练习，例如将数学作业拆分为"完成三道乘法题""解决两个应用题"等小目标，每达成一项就给予小奖励或鼓励的话语，激励孩子坚持。

▲ 第三步：游戏训练，提升兴趣。

设计专注力挑战赛，训练孩子的注意力稳定性。如："和爸爸比赛，看谁能盯着秒针转 1 分钟不动"或"谁能在 10 分钟内专心读完这篇英文短文并说出大意，就能赢得一次户外活动奖励"。

养育关键词　**注意力**

注意力不是天赋，而是可以训练的心理能力。培养和提升孩子的专注力，本质是帮助他们学会自我调节和管理：从忍耐 5 分钟开始，逐步延长到 15 分钟、30 分钟……这一过程不仅能提升学习效率，更能塑造孩子的韧性和目标感，让孩子在未来的学习和生活中更加自信和从容。

每一次孩子"找借口"的背后，都是一次能力培养的契机。与其责备，不如用科学的方法，将"对抗"转化为"合作"，让孩子在轻松的氛围中，自然生长出专注的力量。

小贴士

孩子找借口分心时，别急着责怪！不妨自问——是压力太大？任务太难？还是他注意力不足？试试把作业变成"闯关游戏"，让学习更加有趣。

考场上的"冷静密码"：帮助孩子克服考试焦虑

场景重现　每逢考试就"掉链子"的孩子

期中考试前夜，女儿攥着复习资料在书桌前反复翻看，指尖微微发白。她突然转过头，声音带着哭腔："妈妈，这些题我都会，可上次月考又漏写了两道……"我望着她泛红的眼眶，想起上周她把数学卷子拿回家时的一幕：女儿盯着试卷上的 85 分，手指死死抠着桌角，喃喃道："我练习时从没低于 95 分，为什么一考试就全忘光了？"

这样的场景早已不是第一次出现。平时作业全优的她，总在考试时手心冒汗、呼吸急促，甚至因紧张填错答题卡。我既心疼她的努力付诸东流，又困惑不已：她明明是个聪明的孩子，为什么总在关键时刻发挥不出正常水平？严厉督促怕压垮她，温柔安慰又显得无力。如何才能帮她打破这"一到考试就掉链子"的魔咒？

心理学视角　斯皮尔伯格的焦虑警报

美国心理学家查尔斯·斯皮尔伯格提出的焦虑理论将焦虑分为特质焦虑和状态焦虑两种类型。特质焦虑是一种具有个体差异且相对稳定的焦虑倾向，例如有些孩子面对任何挑战都更容易担忧，而状态焦虑是一种短暂的情绪反应，只在特定情境下产生，考试焦虑便是状态焦虑的典型表现。

状态焦虑通常由认知、生理和行为三个层面交织而成。在认知层面，孩子可能过度担心考试结果，害怕失败带来的负面评价，这种担忧占据了他们的思绪，干扰了正常的复习和记忆过程；生理层面，考试焦虑导致身体出现一系列应激反应，如心跳加速、手心出汗、手抖写错字等，这些生理变化进一步加重心理负担；行为层面，考试焦虑还可能引发逃避行为，比如考试时频繁检查答案却难以专注答题等，从而影响了考试的发挥。

家长
工具箱　　三把钥匙解锁"冷静密码"

● 错误案例

▲ 结果导向施压："这次必须考进前五名！"

过度强调成绩会加重孩子的心理负担，让孩子将考试视为一种沉重的负担，而非检验学习成果的机会，这样更容易陷入考试焦虑的旋涡。

▲ 否定情绪："你紧张什么？平时会做就行！"

忽视孩子的真实感受，会让他们感到自己的担忧和恐惧不被理解和接纳，进而更加封闭自己，陷入孤独无助的困境。

● 科学行动指南

第一步：重构考试意义。

用成长型思维对话："考试就像咱们玩闯关游戏似的，每道题都是一个小关卡，闯完了咱们就解锁了一批新技能，也知道还有哪些 boss 没打败——这多有意思呀！"帮助孩子建立"考试是学习反馈工具"的认知，降低对结果的灾难化想象。

第二步：设定过程性目标。

鼓励孩子设定一些过程性的目标，比如"这次我要更仔细地审题"，"我要尝试在答题前先做个简单的规划"，这些具体而可达成的小目标，能让孩子在备考过程中更加专注，减少不必要的焦虑。

第三步：练习放松技巧。

选择一个周末模拟考试全流程，包括限定时间完成试卷，使用考试答题卡，甚至穿上校服，营造正式考试的氛围。在考前和考试过程中一旦感受到焦虑，练习使用"4—7—8 呼吸法"（吸气 4 秒、憋气 7 秒、呼气 8 秒）来缓解紧张情绪。

养育关键词 考试焦虑

考试不仅是知识的检验，更是心理韧性的训练场。克服考试焦虑的关键是帮助孩子将关注点从"害怕失败"转向"过程成长"。打造安全型家庭氛围，重视孩子付出的努力而非分数，让他们意识到：真正的能力提升源于对学习过程的掌控，而非某次考试的结果。通过科学引导，孩子能够学会与焦虑共处，并将其转化为专注力与驱动力，最终实现自我突破。

考试焦虑并非洪水猛兽，它是孩子成长过程中的一次历练。在与孩子共同面对考试焦虑的过程中，家长们也是在教会他们如何在压力之下保持冷静与自信，如何应对未来的挑战。让我们携手，成为孩子成长路上的坚实后盾，共同解锁属于他们的"冷静密码"。

小贴士

当孩子考试成绩不尽如人意时，家长的第一句话很重要。与其质问"你怎么考这么差"，不如温和地说"这次考试你有哪些新发现？让我们一起看看如何改进。"

琴键上的"休止符"：应对孩子的学习倦怠期

场景重现 琴声戛然而止的午后

周六下午，阳光透过窗帘洒在钢琴上，琴键泛着柔和的光泽。女儿坐在琴凳上，手指悬在空中迟迟未落，突然转过头对我说："妈妈，我不想学钢琴了。"我一愣，三年前她兴致勃勃挑选钢琴的画面还历历在目。那时的她每天主动练琴，甚至会在客人面前骄傲地弹奏《小星星》。可最近几个月，她越来越抗拒上课，每次练琴都像完成任务般敷衍。我试图鼓励她："再坚持一下，考级证书多重要啊！"她却红着眼睛喊："我就是讨厌弹琴！"

望着她倔强的背影，我陷入两难：继续逼她坚持，怕她彻底失去兴趣；放弃吧，又心疼投入的时间和金钱。难道学琴的终点只能是"半途而废"？

心理学视角 自我决定理论

20 世纪 80 年代，心理学家德西和瑞安提出的自我决定理论可以用来揭示孩子放弃兴趣的深层原因。根据该理论，人的行为动力分为内在动机、外在动机和无动机。内在和外在动机的区别在于个体是因为内心的兴趣和满足还是外部奖励和惩罚而进行某项活动。当孩子最初因兴趣（内在动机）选择学钢琴，却在长期练习中被考级、比赛等外部压力主导时，内在动力会逐渐被侵蚀。

自我决定理论也指出，持久的学习动力源于三种心理需求的满足——自主性、胜任感和归属感。若孩子始终为考级而练琴，而非享受音乐本身，自主性便会被剥夺；家长或老师频繁纠正技巧却忽视其进步，会击溃孩子的胜任感；独自练琴的孤独感更会割裂与他人的关联性，从而导致孩子对学习钢琴的热情逐渐消退，最终陷入学习倦怠期。

家长工具箱　重启学习动力的三部曲

● 错误案例

▲ 情感绑架："我们为你花了这么多钱，你说不学就不学？"

这样的质问会加重孩子的愧疚感，也可能引发逆反心理或自我否定。

▲ 强行坚持："必须练完这首曲子才能吃饭！"

这种方式将学习异化为了惩罚，会扼杀孩子的兴趣。

● 高情商沟通

▲ 第一步：探索倦怠根源。

"妈妈发现你最近练琴时总皱眉，能告诉我这是为什么吗？"

通过开放式提问，帮助孩子识别情绪背后的具体原因，是曲目难度过大导致的挫败感，还是与老师的相处方式让孩子感到不适？

▲ 第二步：重塑学习体验。

"试试用钢琴弹奏你喜欢的动画片/电视剧主题曲？可以为外婆的生日伴奏吗？"

将练习内容与孩子的兴趣相结合，引导孩子建立音乐与快乐的联系，并引入一些互动场景，增加孩子与他人的关联性。

▲ 第三步：赋予选择权。

"我们可以尝试调整：比如每周减少一节课程，或者先暂停一个月，其间你教妈妈弹《小星星》怎么样？"

通过提供有限的选择权，帮助孩子重建自主性，而扮演"小老师"的角色也能进一步激发孩子的胜任感。

养育关键词　学习倦怠

学习倦怠并不等同于放弃，它是孩子成长路上的"缓冲带"。家长需要谨记：倦怠是调整的契机，它提示当前的学习模式与孩子需求不匹配，需灵活优化而非让孩子硬扛；暂停是蓄力的开始，允许孩子休整，如同乐章中的休止符，沉默是为后续旋律积蓄力量；兴趣需要"留白"，强制填满时间表会窒息热情，留出探索空间，孩子才可能重燃热情。

每一次倦怠，都是孩子内心世界的一次小小革命，是他们在寻找自我与外在要求之间的平衡点。记住，每个孩子都是独一无二的，他们拥有自己的节奏和方式去感受世界、探索未知。因此，不妨多一些耐心，少一些焦虑，与孩子一同寻找最适合他们的成长路径。

小贴士

与孩子签订"3 个月实验协议"——若学习方式调整后仍无兴趣，可协商转向其他领域。这既能避免草率放弃，也让孩子学会为选择负责。

一上学就喊肚子疼：
是真的还是装的？

场景重现　早晨的"肚子疼"魔咒

每天早晨，我叫孩子起床，孩子就皱着眉头捂住肚子，小声说："我肚子疼……"我担心地问："是昨天吃坏东西了吗？"但孩子只是皱着眉摇头。吃早饭时，孩子有气无力地坐着，筷子都拿不稳。我不放心，带孩子去医院检查，结果医生说："孩子没有问题，一切正常。"

我恍然大悟，每次要去学校，孩子都会说肚子疼，但一到周末或放假，肚子疼就"神奇"地好了。孩子是真的不舒服，还是在找借口逃学？如果是心理压力怎么办？要逼着去上学，还是该多理解他？

心理视角　分离焦虑与躯体化反应

英国心理学家约翰·鲍尔比的依恋理论指出，儿童在与主要照顾者（如父母）分离时，会经历分离焦虑，表现为：恐惧、愤怒等情绪反应，拒绝上学、黏人等行为反应，以及无明确生理原因的肚子疼、头痛、恶心等躯体化反应。

早晨上学前，孩子突然说"肚子疼"，但去医院检查无异常；家长送孩子到校门口时，孩子紧紧抓住家长不放，甚至呕吐；周日晚上或假期结束前，孩子反复抱怨身体不适。其实，以上这些情况中，孩子并非"装病"，而是因为语言表达能力有限，潜意识将情绪压力通过身体症状表达，以回避压力源（如学校环境）。

心理压力源	可能的躯体化表现
考试焦虑	考前腹痛、腹泻
同学冲突/被霸凌	呕吐、头晕
害怕严厉的老师	喉咙发紧、假装咳嗽
适应新环境（如转学）	反复尿频、睡眠问题

家长工具箱 如何化解上学焦虑？

- 错误案例

▲ 忽视孩子的痛苦："你就是不想上学，装肚子疼骗我！"

这种表达会让孩子觉得自己不被信任，未来可能不再愿意向家长求助，隐藏真实情绪，甚至增加羞耻感和孤独感。

▲ 否认心理因素的影响："吃点药就好了，别矫情。"

由于情绪被否定，孩子便压抑自己的情绪，可能通过更激烈的方式（如自伤）表达痛苦，影响心理健康。

● 高情商沟通

▲ 第一步："共情"而非"否定"。

"我知道你不舒服，但我们可以一起想办法，让你今天的学校生活轻松一些，好吗？"

这样的共情话语，让孩子感受到被接纳和理解。注意使用温和的语气和肢体语言（如轻抚后背），增加安全感。

▲ 第二步：帮助孩子识别情绪和担忧。

"你肚子疼的时候，是不是心里很害怕？怕什么呢？"

这样的开放式提问，帮助孩子识别和表达潜在担忧。也可以用选择题方式引导（"是害怕老师提问，还是担心和同学相处？"），降低孩子的表达难度。

▲ 第三步：提供安全感。

"放学后我会准时来接你，你可以随时找老师给我打电话。"

这种表达会产生"无论发生什么，妈妈都会在"的确定感，形成"我有求助渠道"的心理保障。

养育
关键词　温和而坚定

帮助孩子克服上学焦虑需要双管齐下：既要接纳情绪，又要引导行动。让孩子明白"可以害怕，但要勇于尝试解决"。

具体可采取以下方法：首先，通过"焦虑日记"记录肚子疼的时间，帮助发现触发点（如特定课程或社交压力），找出具体诱因；其次，采用"情境演练"模拟学校场景（如走上学路线），减少陌生感；同时教孩子放松技巧，如"肚子疼魔法球"（把"疼痛"吹进气球放掉），让孩子直观释放情绪。

　　在行动层面，建议采用渐进式适应策略：设定"上学小目标"，如先坚持半天，再逐步延长。家长需态度坚定但温和，避免因心软妥协，要强调上学是日常的一部分。同时，给予积极反馈（如"今天你坚持到放学了，真棒！"），增强孩子的信心和适应力。

小贴士

　　和孩子聊"在学校最喜欢的事"，如"今天和哪个朋友玩了？"转移焦点到积极体验。

不盯就不写作业：拖延症怎么治？

场景重现 写作业拉锯战

孩子放学回家，把书包一丢就跑去玩，我提醒几次，孩子都说"等一下""马上就去"。等真正开始写时，又喝水、削铅笔、发呆。我一转身，孩子就玩橡皮、摸头发，甚至去上厕所。时间一点点过去，我终于忍不住怒吼："现在几点了？你到底打算什么时候写完？"孩子被催得发脾气，嚷嚷："你别吵，我正写呢！"

最后，作业拖到深夜，孩子累得趴在桌子上写，我只能无奈叹气："为什么孩子一点都不自律？如果不盯着，根本写不完。"

心理视角 拖延不是懒，是大脑在求救

执行功能是大脑的"CEO"，负责计划、专注、自我调节等高级认知能力。前额叶皮层（执行功能核心区）通常要到25岁才完全成熟，这导致孩子自我控制能力比较差，容易被手机、游戏等即时诱惑吸引，一直重复"等会儿再写"的想法并付诸行动，陷入拖延循环；时间感知薄弱，低估任务耗时，常觉得"还早着呢"；切换能力不足，从游戏转到学习需

要更长的"缓冲期"。

　　孩子出现作业回避行为通常存在深层次的心理动因。作业难度高、内容枯燥，会让学生从心理上抵触，下意识通过拖延逃避这种负面体验；出于对失败的恐惧，有些孩子宁愿被指责懒惰也不愿面对能力不足的事实；此外，缺乏趣味性和意义感的机械式任务也会显著降低他们的完成动机。值得注意的是，如果家长长期采用催促、代劳等干预方式，可能导致孩子形成依赖心理，认为必须依靠外部督促才能完成任务，进而产生"我本来就不擅长时间管理"等消极自我认知，这种习得性无助感会进一步削弱其自主学习能力。

家长工具箱 从"监工"到"教练"的转变

● 错误案例

▲ 标签化语言：你怎么这么懒？非要我一直盯着吗？

孩子会觉得自己被贴上了"懒惰"的标签，产生"我怎么做都不够好"的挫败感。长期听到这样的评价，孩子可能内化"我就是懒"的负面认知，降低行动意愿。

▲ 威胁性话语："再磨蹭就别睡了！"

孩子可能因害怕而加快速度，但注意力会分散在"避免惩罚"而非任务本身，效率反而降低。

● 高情商沟通

"你觉得这份作业需要多长时间完成？我们可以一起制定

一个时间表。"

"看起来你今天有点累，需要先休息 5 分钟再开始吗?"

"我们约定好 9 点前完成作业，现在还剩 30 分钟，需要我帮忙看看哪里卡住了吗?"

● 有效行动指南

▲ 沙漏/时钟工具：针对单一任务，用沙漏或闹钟倒计时直观展示剩余时间。

示例：写英语作文时设置 30 分钟倒计时。

▲ 时间轴法：制作周计划表，用横轴表示每天时间段，纵轴标注周一到周日，将上学、写作业、休息等任务对应填入。

示例：周一 17:00—18:30 标记"完成数学作业"。

▲ 四象限时间管理法

（1）紧急且重要：当天要交的作业，如今晚需完成的数学练习题，优先处理。

（2）重要不紧急：长期学习目标，如背诵英语单词、预习新课，安排固定时间每日推进。

（3）紧急不重要：突然被要求准备的次日课堂小分享，快速分配短时间完成。

（4）不紧急不重要：刷短视频、玩游戏等娱乐活动，完成作业后适度进行。

▲ 任务分解法：把作业拆分成小任务，减轻孩子的心理负担。

示例：把作文拆成"列提纲→写开头→补充事例"；用便利贴写小任务，完成一张撕掉一张（成就感加持）。

▲ 挑战模式：让孩子和自己比赛

示例："今天比昨天更快完成数学题，看看能不能打破自己的记录！"

▲ 设定固定的写作业时间：每天放学后先完成作业再玩，形成习惯。

示例：设定"作业完成奖励计划"，如果能在规定时间内自主完成作业，可以选择晚上的小活动，如讲故事、玩拼图等。

▲ 自主权激励：家长减少干预，不要过度催促。

示例："你决定先做数学还是语文？"

▲ 设立"作业银行"：提前完成可"存"自由时间周末兑现。

▲ 给予适当的时间管理工具，如用闹钟或时间表提醒孩子。

养育关键词 **家长角色转型**

家长需要实现角色转型——从令人窒息的"监工"转变为提供支持的"脚手架"。这意味着既要给予适度的结构支持（如分解任务、提供时间管理工具），又要避免越俎代庖剥夺孩子的思考机会。可以采用"有限选择"策略（"你想先做数学还是语文？"）来培养决策能力，并通过即时反馈（"比昨天提前了 10 分钟！"）强化积极行为。

　　培养自律是一个渐进的过程，需要家长保持耐心。每个小进步都值得肯定，执行功能的发展犹如一场马拉松，而非短跑冲刺。通过持续的支持和适时的放手，最终帮助孩子实现从被动"要我学"到主动"我能学"的转变，让大脑的执行功能逐步胜任指挥工作。记住，真正的自律源于内在动机的培养，而非外部压力的逼迫。

小贴士

　　与其反复催促，不如帮助孩子制定一个具体的学习计划，并给予适当的自主权，让他学会对自己的学习负责。

磨蹭不是病，
磨起来要家长的命

场景重现 早晨的"树懒"

"穿衣服了！"——5分钟后，孩子还在研究袜子上的线头；

"快点吃饭！"——孩子慢悠悠地咀嚼，10分钟过去了，碗里的粥才少了三分之一；

"要迟到了！"——孩子系鞋带的手速堪比0.5倍速播放……

为什么孩子就是感受不到时间的紧迫性？为什么我的催促完全不起作用？更让我崩溃的是，越催促孩子动作越慢，最后往往以我的吼叫和孩子的眼泪收场。我明明是为了孩子好，为什么结果总是两败俱伤？

心理视角 慢，可能是孩子的出厂设置

从发展心理学的角度看，儿童的信息处理速度存在显著的个体差异，这是由先天神经类型决定的。有些孩子天生就是"慢思考者"，他们的大脑需要更多时间接收、整合信息，就像一台需要仔细调试的精密仪器，虽然启动慢，但往往思考得更深入全面。

感官调节的差异也是重要因素。对触觉刺激敏感的孩子，

可能需要反复调整袜子才能穿着舒适；味觉敏感的孩子会细细品味每口食物的质地。这些看似"磨蹭"的行为，其实是他们在努力适应环境刺激的表现。

家长工具箱 把催促变成游戏

- **错误案例**

▲ 指责："你怎么这么慢？别磨蹭了！"

"慢"和"磨蹭"的标签会让孩子产生"我总是不够好"的自我怀疑，易将当前活动（如穿衣、吃饭）与负面情绪关联，长期可能形成逃避心理。

▲ 引发安全焦虑："再磨蹭我就走了！"

幼儿对分离异常敏感，这种威胁会触发本能的不安（"爸爸妈妈不要我了"），长期使用这类语言，孩子可能对亲子关系产生不安全感。

- **高情商沟通**

"我们比赛看看，谁先穿好衣服！"（把催促变成游戏）

"我们还有 10 分钟出门，需要我帮你一起找袜子吗?"（描述事实并提供支持）

"今天穿鞋比昨天熟练了！"（即时积极反馈）

- **有效行动指南**

▲ 时间倒数法：用计时器设定时间，让孩子直观感受到

时间流逝。

示例：沙子漏完前穿好衣服，就能解锁"魔法战士"称号！

▲ 彩色计时器：红色＝紧急，黄色＝准备，绿色＝进行中。

▲ 任务分解法：把任务拆分成小目标。

示例："先穿上裤子，再穿上袜子"。

▲ 鼓励孩子通过努力提升效率：努力完成任务以获得奖励。

示例：设定"效率排行榜"，每次按时完成任务就获得一个积分，积满后可以换取奖励，如选择喜欢的睡前故事。

▲ 竞速挑战赛：在亲子互动中提升速度。

示例：家长故意输掉比赛："哇！你怎么这么快！"

▲ 让孩子自己设定任务完成时间：减少催促，增加引导，避免过度干预，自己体验时间管理的重要性。

养育
关键词　**等待是最高级的陪伴**

孩子的"慢动作"常常让家长焦躁，但我们要明白，磨蹭往往并非故意，而是因为他们的大脑执行功能仍在发展中，感官调节的敏感度较强。催促、威胁或许能换来一时的速度，却会破坏孩子的安全感和自主性。真正的陪伴不是替代，也不是施压，而是用温和而坚定的方式提供支持——通过可视化计时器让孩子"看见"时间，用拆分步骤降低任务难度，以鼓励代替责备。

　　教育不是一场速度竞赛，而是一次耐心的守望。当我们放下"快点"的焦虑，孩子反而能在被信任的氛围中，逐渐培养出属于自己的节奏与效率。记住：等待不是纵容，而是给予成长最珍贵的空间。

小贴士

　　把日常任务游戏化，比如用"闹钟挑战"的方式让孩子更有动力完成任务。

孩子只追星
不学习怎么办？

只顾追星不学习的孩子

晚上10点，推开孩子的房门，映入眼帘的是满桌子的偶像周边，孩子趴在床上边放着音乐，边滑动着手机，时不时还发出傻笑声，书本、作业本四散在各处，一点学习的样子都没有，我忍着怒气问了一句："作业写得怎么样了"，孩子头也不抬："哎呀，晚点再写，我会写完的，我要把今天的微博超话任务先完成。"

如果要继续和她争论下去，今晚作业肯定写不成，但是不跟她说说，肯定是要熬夜了，明天上课就没精神。我太难了，我要怎么跟她说，她才肯不追星，把时间花在学习上啊。

青少年自我同一性

发展心理学家埃里克森提出人格发展八阶段理论，其中青少年阶段的核心任务是形成清晰的自我认同，即通过探索不同的角色、价值观和社会定位，最终整合出一个连贯的"我是谁"的答案。追星行为在这一阶段尤为普遍，其与青少年寻求自我同一性的心理需求密切相关。青少年在探索同一性时，会构建"理想自我"（希望成为的人），而偶像往往被赋予完美化特质（如才华、外貌、社会地位），成为理想自我的具象化符号。青少年通过追星模仿偶像的言行、穿搭以及价值观，尝试将这些内化为自我认同的一部分。

家长工具箱 "花言巧语" 劝娃学习

● 错误案例

▲"灾难化"表达："你现在追星不睡觉，明天上课就没精神，知识就学不进去，考试就考不好，到时候考不上大学，找不到工作，你这辈子就完了。"

这种看似在耐心劝导孩子的话语，无形中加强了孩子的焦虑，并且容易让孩子习得这种思考方式——我的一个不恰当行为可能会造成很可怕的后果。

▲ 评判式沟通："这明星长得也不好看，唱歌也不好听，有什么好追的，浪费时间，浪费钱，一点意义也没有，真不懂你怎么想的!"

这种对孩子偶像的随意评判，容易被他投射为是对理想自我的评判，以及可能形成随时会被他人评判的担忧。

● 高情商沟通

▲ 第一步：陈述事实。

"你看起来好像很开心，看到了什么有意思的东西，能跟我分享吗？"

向孩子描述自己观察到他的情绪，让他知道自己被看到了，而不是只看到他刷手机的行为。

▲ 第二步：表达理解与认可。

"哇，他今天的活动照片也太好看了，这么久更新一次照片，难怪你这么激动。"

尝试理解孩子追星时刻的感受，并且给予认同。

▲ 第三步：提出要求。

"他肯定花了不少时间来完成他自己的拍摄任务，才能让你们看到这么好看的照片，今天时间也比较晚了，现在我们学习他先把自己的任务搞定，早点休息，明天再一起看他的靓照，好吗？"

通过树立偶像的榜样作用，让孩子转化行动动力，从被动完成任务转为主动学习。

养育关键词　理想自我

追星的本质是青少年自我同一性发展的阶段性工具，也是青少年自我表达的一种形式。了解孩子为什么追星，理解"偶像"对他们的象征性的意义，而非简单批判其"不务正业"。在充分了解的基础上，再给予适当的引导，使其从"盲目崇拜"转向"价值内化"，这不仅有助于促进亲子关系，还能帮助青少年激发自我实现的需要，探寻理想自我。

小贴士

　　与孩子一起追星，听一听他眼里的偶像有哪些优点，或是偶像的奋斗史，让他看到偶像光环背后的努力和汗水。

不"吼"就不动弹的小孩

上学前的早晨

又是一个混乱的早晨，我边吃饭边对着房间喊："再不起床要迟到了，爸爸妈妈，爷爷奶奶都叫了你多少遍了，你就不能自己快点起床吗？""妈，我的语文作业本去哪了，今天要交的啊！""我的校裤呢？明明昨天还丢在地上的"，"我要来不及了啊，怎么什么东西都找不到，烦死了！"……看着孩子乱七八糟的房间，再看着他火急火燎的样子，我真的很无奈，几乎每天都这样，总是在最后一刻才起床，起床后才发现今天要用的东西都没整理，最后还要对着全家人发脾气。孩子一直这样下去，以后要怎么办啊？

**心理
视角** **教养方式对儿童习惯发展的影响**

心理学家黛安娜·鲍姆林德在 20 世纪 70 年代开展了"父母教养方式实验"，该实验通过长期追踪与对比分析，首次系统论证了不同教养方式对儿童个性发展的影响。研究结果显示，与专制型、娇宠型教养方式相比，权威型教养方式效果最优。权威型父母的孩子在认知能力、社会责任及情感稳定性方面表现最佳。

权威型教养理论强调父母高要求与高回应的平衡策略有助于促进儿童全面发展。孩子的行为习惯确实是需要父母提出要求，有意培养形成的，但是家长在提出要求的同时，也要给予孩子需求敏感的回应，为孩子提供安全感和信任感，在有效的互动过程中培养孩子的良好行为习惯。

家长工具箱 培养孩子良好习惯的应对策略

● 错误案例

▲ 贬低式提要求："你现在立刻马上把房间给我收拾好，跟猪窝一样，像什么样子！"

带有贬低意味的要求，并不会让孩子动得更快，还会损伤孩子自尊，造成对家长指令的反感。

▲ 零要求："宝贝，衣服给你拿好了，书包也整理好了，你抓紧时间吃饭，一会儿别迟到了，如果忘带什么就让老师联系我，我送过去。"

包揽孩子自己需要完成的任务，过度包容孩子需求，不设定规则与引导，会阻碍孩子自我能力的发展。

● 高情商沟通

▲ 第一步：民主协商，设定规则。

"我们需要制定一个起床的时间还有个人物品整理的方案，每次作业完成后顺手把明天要用的书收到书包里，或者你确定起床时间给自己整理物品留足够的时间，如果迟到了，需要你自己跟老师解释，可以吗？"

尊重孩子的自主性，提出要求，通过沟通解释规则的逻辑，权威不等于强权，制定清晰的界限和合理的标准。

▲ 第二步：拆分目标与即时奖励。

"从明天开始，先比今天提前五分钟起床，以此推进，然后达到我们确定的起床时间，连续三天达到目标，可以奖励自选零食一项。"

若需要短时间内做出较大的改变，孩子容易产生畏难情绪而放弃，可以通过拆分目标，并给予奖励的形式鼓励孩子先做出改变。

▲ 第三步：情感反馈。

"你今天起得比昨天早了6分钟！比我们约定的还早了一分钟，效率越来越高啦。"

强调看到的进步，给予积极反馈，而不是要求完美的结果。

养育关键词 权威型教养

权威型教养方式，通过赋予孩子自主权，如让孩子自己选择起床时间，从而激发孩子产生培养良好习惯的内驱力。同时以清晰的任务标准培养孩子的责任感，从对自己的事情负责开始。权威型教养方式的核心在于避免对孩子行为习惯过度的"控制或放任"，而是通过与孩子理性沟通，加强情感联结，借助适配的行为塑造小技巧，帮助孩子养成良好的行为习惯。

当然，早睡早起，按要求完成作业，整理自己的房间衣物等等，这些良好的行为习惯并不是我们的根本目标，而是附带的收益。在孩子成长过程中，每一次的"权力斗争"都是培养孩子人格品质的重要契机，通过与孩子的协作，引导他们完成这些挑战，最终让孩子学会将外在的规则内化为自我管理能力，养成其独立自主的人格特质。

小贴士

试试制作"早起成就表"，将孩子每次目标的达成通过可视化形式让孩子看到，提高孩子的成就感。

孩子沉迷游戏？
有效解决讲方法

为了游戏争分夺秒的孩子

周六晚上，时钟刚跳到八点半，孩子拿着平板电脑向我跑来："快帮我解锁，我快要死了，快快快，就五分钟，这局游戏马上就结束了！"看着他鼻尖沁着细汗、眼巴巴的样子，我真的忍不住担心：他又来了，设置的游戏时间每次都不够，总有理由多花几分钟。同意他的请求，今天游戏时间又变长了，但是不同意他的请求如果游戏输了，又要跟我闹好久别扭，写作业也不专心。我该怎么办，要一味满足他的需求吗？这样下去会不会游戏成瘾啊？

老鼠乐园实验

老鼠乐园实验由加拿大心理学家布鲁斯·亚历山大于20世纪70年代设计。实验中对照组的老鼠被单独关在狭小、孤立的笼子中，没有任何娱乐设施与社交；而实验组的老鼠则生活在宽敞且配备了多种玩具和同伴的环境中。两组均提供含毒品的糖水和普通的水。孤立环境中的老鼠：迅速对吗啡水产生依赖，饮用量是普通水的19倍，表现出典型成瘾行为。"乐园"中的老鼠：即使吗啡水含糖，仍偏好普通水，仅偶尔少量尝试毒品水，未形成成瘾。将已对毒品成瘾的老鼠从笼子转移至"乐园"后，它们逐渐减少对吗啡的依赖，转而选择普通水。

这项实验提示我们，生活中虽然存在许多潜在成瘾风险的行为与物质，但是丰富的社会活动以及积极的社会支持，有助于孩子养成良好的使用习惯，规避成瘾风险。

家长工具箱 游戏应对攻略

● **错误案例**

▲ 强硬拒绝："不行，说好了三十分钟就三十分钟，多一分钟都不可以。"

简单粗暴地禁止孩子继续进行游戏，可能会增强孩子对游戏的渴望，心心念念那最后 5 分钟的游戏内容，甚至花心思另想办法偷偷多玩游戏。

▲ 灾难化反应："每次都超时，你就是不能好好安排自己的时间，再这样下去肯定考不上好高中。"

家长将孩子当下的行为表现，迁移到对孩子本人的评价上，并且延伸到糟糕的结果，不仅会让孩子产生反感情绪，还有可能内化家长的这种灾难化认知模式。

● **高情商沟通**

▲ 第一步：提出要求。

"我可以延长 5 分钟的时间，但是我希望你在这局游戏结束后可以和我谈谈，可以吗?"

先让孩子完成手上的游戏，约定好进行沟通。

▲ 第二步：描述客观事实。

"我观察到，有几次你的游戏时间都超时了，你觉得有什么好的办法可以调整吗?"

给予孩子自主权，先了解他的想法，再共同讨论应对策略。

▲ 第三步：给予解释与协商空间。

"在你的空闲时间里安排适当的游戏时间是可以的，但是如果时间拉长了不仅会影响视力，也容易过于投入到游戏里，没有精力去做其他有趣的事情。如果你愿意的话，我们可以一起去散散步或去打球，来填满你其他的空闲时间，可以吗?"

允许游戏在孩子生活中存在，并以普通的娱乐活动看待游戏，有助于帮助孩子树立科学的游戏观念。

养育
关键词　**游戏支持**

游戏是人类的天性。健康、合理的游戏行为有助于孩子智力的发展和创造力的提升以及人际关系的拓展。游戏行为的培养原则是"堵"不如"疏"，我们不必要将游戏当作我们的假想敌，如果可以的话可以让游戏成为我们与孩子互动的一个工具，借助游戏帮助孩子成长。根据孩子不同的需求，和他一起制定游戏方案，通过游戏行为建立良好的时间管理习惯。同时为孩子丰富现实生活，培养除游戏以外的兴趣爱好，共同开展一些户外活动或鼓励孩子的现实社交活动，巧妙地规避游戏成瘾风险。

小贴士

试试担任孩子的游戏顾问，了解孩子在游戏中都获得了什么样的体验（感官、人际、成就感等等），给予支持或帮助解决困惑。

改造"猪队友"：辅导作业中的育儿协作

场景重现 **育儿分歧**

深夜的书桌前，台灯在墙纸上晕开鹅黄色的光斑。我轻声引导着孩子画图理解数学题："你看，苹果的数量变化可以用这个圆圈表示……"此时，铅笔尖突然被粗暴抽离纸面，孩子爸爸夺过橡皮重重划掉曲线："半小时两道题！你教的是蜗牛爬树吗？看看几点了，明天还要早起！你走，我来教！"碎屑溅在孩子手背，他触电般缩回手指，手中的笔啪嗒掉落，眼泪大颗滚落。我不自主地攥紧衣角，一场没有硝烟的战争悄然打响，而这样的场景，常常上演，面对"育儿分歧"这道难题，我深感无力。

心理视角 **夫妻之争**

这场冲突的背后，藏着一个被忽视的真相："育儿分歧"的本质，从来不是"方法之争"，而是映镜了夫妻双方成长经历、情感模式的无声碰撞。

20世纪中期，心理学家约翰·鲍尔比的依恋理论通过"陌生情境实验"来反映不同养育方式下的孩子所表现出安全型、焦虑型、回避型、混乱型这四种典型的依恋模式，揭示了早期亲子关系对孩子情感发展和人格形成的决定性影响。故事中，妈妈的耐心引导：可能源于安全型依恋体验，自己在童年被允许犯错、感受情绪，因此更重视保护孩子的自主性；爸爸的效率优先：可能来自焦虑型依恋模式，将"快速解决问题"等同于安全感，担心失控会重演自己被否定的童年创伤。

通过代际传递，我们都在用过去的经验养育今天的孩子，我们也许都是"带着伤痕的养育者"，而非"正确与错误的对立阵营"。

**家长
工具箱** **让冲突"软着陆"**

觉察即改变的开始，当意识到彼此的育儿风格是各自成长脚本的延续，育儿冲突的"战火"便不会一触即发。

● 非暴力沟通四步法

▲ 第一步：观察陈述事实，避免评判行为。

"我注意到，这半小时里你催促孩子三次，还抽走了铅笔。"

▲ 第二步：表达情绪感受，而非攻击对方。

"我会有点担心，因为他的思路刚打开就被打断了。"

▲ 第三步：澄清情绪背后的需求。

"我希望他能通过思考建立自信，而不是追求速度。""我们都希望他学会独立，只是方法上需要磨合。"

▲ 第四步：提出具体的改进建议。

"下次遇分歧时，我们能否先深呼吸 10 秒，再讨论解决方案？"

● 有效行动指南

▲ 制作"养育目标清单"。

列出双方育儿共识，将分歧转化为互补资源，如：保护求知欲、培养责任感、提升学习效率等。

▲ 思考双方资源优势，商讨育儿角色重构。

如：爸爸变身"效率教练"：用沙漏计时挑战；妈妈担任"思维导师"：用提问启发孩子拆解题目。

▲ 定期召开家庭会议，建立"冲突—解决"档案，邀请孩子参与讨论更适合的方法。

养育
关键词　　育儿协作

养育的终极目标，不是培养完美的孩子，而是锻造一个有超越对错的智慧、愿意彼此倾听、持续进化的父母联盟。当夫妻从"作业战场"走向"协作联盟"，"育儿分歧"则变成了送给孩子的"双份礼物"，孩子收获的不仅是高效的学习方法，更是一个充满安全感的成长生态——在这里，不同的声音被听见，多样的智能被整合，而爱始终是最高效的解题公式。

小贴士

育儿不是比拼高低，而是并肩同行，共同守护孩子的成长。

外面的世界很无奈

家中 "小霸王"，
在外 "小绵羊"

场景重现 家中 "小霸王"，在外 "小绵羊"

周末，我们一家人去公园玩。在家时，女儿那叫一个威风，指挥我们干这干那，爷爷奶奶也都顺着他，连弟弟都听他的。可一到公园，画风全变了，女儿抱着新买的泡泡机站在沙坑边，有个比她个头矮的小男孩突然伸手就夺。我眼看着她的泡泡机被抽走，女儿连哼都没哼一声，只是低头抠着衣角。我在旁边急得不行，心里直冒火，恨不得冲过去替她把泡泡机抢回来，忍不住想："在家里像个小霸王，怎么一到外面就缩成小绵羊了？"

这不是第一次出现这种情况了，之前被推搡只会往我身后躲，我蹲下来问她要不要去要回泡泡机，她摇摇头往我怀里钻。我满心疑惑与无奈，到底该怎么做，才能帮助她在外面也能勇敢表达自己，而不是一味退缩呢？

心理视角 从社会适应看孩子的行为反差

从心理学家维果斯基的社会文化理论来看，孩子在家和在外行为差异显著，与社会环境紧密相关。在家里，孩子处于熟悉且亲密的家庭文化圈氛围，家人为孩子营造的大多是低难度、高支持的互动环境。孩子能自如地发出指令，因为家人会积极回应，这让孩子在家庭互动中不断积累成功经验，从而表现得自信满满。

然而，当孩子在外面对陌生的小朋友们，身处全新的社会文化情境。这里没有家庭中熟悉的回应模式，孩子缺乏能依靠的"脚手架"支持。同时，户外环境中的社交规则、互动方式相对复杂，孩子不确定自己的行为会引发怎样的风险后果。所以他们无法像在家那样轻松地进行社会互动，有时也难以有效地用语言表达、肢体动作等来维护自身权益，遇到问题更容易退缩。

家长工具箱 **如何提升孩子的社交勇气**

● 错误案例

▲ 过度指责："你在外面怎么这么胆小，真没用！"

这种回应直接否定了孩子的行为，会打击孩子的自信心。孩子本身在面对冲突时就感到害怕和无助，家长的指责会让孩子在以后面对类似情况时，因害怕被指责而选择更加逃避，甚至对社交产生抵触心理。

▲ 过度保护："别怕，妈妈帮你把泡泡机抢回来，以后离这种坏孩子远一点。"

家长立刻代劳，剥夺了孩子锻炼社交勇气的机会。孩子会过度依赖家长的保护，长此以往，孩子在面对外部世界的挑战时，会更加胆小，难以适应。

● 高情商沟通

▲ 第一步：共情理解。

"宝贝，妈妈看到刚刚那个小朋友拿走你的泡泡机，你一定很着急，很不开心吧。"

先表达对孩子感受的理解，能让孩子知道家长在乎自己的情绪，为后续引导做铺垫。

▲ 第二步：引导思考。

"你看，那个小朋友没经过你同意就拿走泡泡机，这样做对不对呀？你想想，如果是你想玩别人的玩具，应该怎么做呢？是不是要先问一下呢？"

引导孩子思考他人行为对错以及正确的社交方式，而不是直接给出答案，让孩子主动参与到解决问题的思考中。

▲ 第三步：鼓励行动。

"妈妈知道你有点害怕，但是你看，我们平时在家遇到这种情况，是可以勇敢说出来的。你要不要试着跟那个小朋友说'这是我的泡泡机，你还给我'，妈妈会在旁边陪着你。"

肯定孩子的感受，同时鼓励孩子勇敢表达和行动，并且表明家长会给予陪伴支持，增强孩子的勇气，帮助孩子逐步克服面对冲突时的退缩心理，提高社交勇气。

养育关键词 社交勇气

孩子在家与在外行为的反差，本质是社交安全区向社交挑战区过渡的必经阶段。这种差异并非异常，恰是儿童在探索适应社会环境过程中的自我保护机制。社交勇气不是天生的性格特质，而是可训练的心理肌肉。就像学步儿需要跌倒千百次才能奔跑，孩子也需要在安全、包容的环境中经历社交试错。家长要做的是提供"保护性挑战"——既不放任孩子在焦虑中孤立无援不管，也不剥夺他们自主成长的空间。当孩子意识到退缩会被理解而非指责，尝试会获得鼓励而非苛求，便能逐步积累起向外探索的经验，并将家庭中的自信转化为面对外部环境的勇气。

小贴士

为孩子提供"保护性挑战"，在理解与鼓励中，让孩子在安全、包容的环境里经历社交试错，将家庭自信转化为外部社交勇气。

比赛中的作弊风波

场景
重现 **比赛后的泪水**

区英语演讲比赛结束了，女儿朵朵红着眼睛走出来，手里攥着皱巴巴的奖状。上了车，她突然爆发："妈妈，我知道为什么 Lily 赢了！她偷偷带了小抄，评委没发现！我那么努力，把演讲稿背得滚瓜烂熟，却还是输了！"她哽咽着把奖状扔到一边，"老师说诚实最重要，都是骗人的！"

她伤心又失望的样子让我难受，诚信在她心中似乎崩塌了。我该怎么办？是轻描淡写带过，还是找学校理论？又或者，有什么办法能帮她重拾对诚信的信心？

心理
视角 **为什么孩子质疑诚信？**

根据道德认知发展理论，孩子在成长中逐渐从"服从规则以避免惩罚"过渡到"理解公平与正义"。低年级的孩子常处于"前习俗水平"，更关注即时后果（如获得表扬），而非诚信的内在价值。面对比赛这样的情境，他们可能因想要奖励而选择作弊，却在事后因认知冲突（知道"不对"但又逃避惩罚）感到不安。

社会比较理论进一步解释，孩子会通过与同伴比较来评估自己。如果他们看到"作弊者"得了高分而未被惩罚，可能误以为"诚信无用"。此外，即时回报与长期价值的冲突也影响选择：作弊带来眼前的分数，却可能削弱孩子对自我价值的信心。

家长工具箱 如何科学回应"道德困境"？

● 错误案例

▲ 忽视情绪："管别人做什么？你只要自己坚持就好了。"

这种表达会压抑孩子的情绪，加深道德困惑，降低未来分享意愿。

▲ 过度说教："做人要诚信，你可要做个好孩子!"

抽象的道德训诫对孩子来说难以理解，效果有限。

● 高情商沟通

▲ 第一步：共情感受。

"看到不公平的事情确实会让人难过，我能理解你的感受。"

让孩子感到被接纳，缓解情绪压力。

▲ 第二步：重新定义。

"Lily 选择作弊，但这改变不了你努力准备的事实，你的演讲很棒，你的正直很可贵。"

将孩子的价值和比赛结果分开，强调孩子的内在优势，增强自我认同感。

▲ 第三步：延展视野。

"很多年后，人们会记住你做对了什么，而不是一个奖杯。你觉得诚信对你来说意味着什么？"

引导孩子思考长远价值，培养诚信价值观。

● 有效行动指南

▲ 诚信挑战：让孩子尝试一周不撒谎（包括小谎），每天记录感受。周末一起回顾，比如"朋友是不是更信任你了？"

▲ 选择模拟：家长扮演同学，模拟"要不要抄答案"的场景，孩子练习说"不"或寻求帮助，增强决策能力。

▲ 以身作则：家长在生活中示范诚信，如遵守承诺、承认错误，让孩子看到诚信的实际价值。

▲ 家庭讨论：定期分享"今天谁做了诚实的事"，强化诚信带来的正面反馈。

▲ 鼓励反思：当孩子面对不公时，教他们写下"我为什么选择诚信"，帮助内化价值观。

养育关键词 **道德困境**

道德困境是孩子成长中的"试炼场"。价值观培养的核心，是让孩子明白：诚信的价值并不总在当下显现，但它会带来持久的尊重和信任。家长不是道德的"说教者"，而是引导者——通过共情、榜样和实践，帮孩子从"害怕惩罚"走向"主动选择正直"。每次面对作弊或不公的诱惑，都是塑造孩子内心的机会。

此外，以身作则同样重要，比如在家庭中坦诚面对错误，让孩子感受到诚信的力量。记住，孩子不是天生懂得诚信，而是通过一次次选择学会它的意义。把握这些"作弊风波"，用智慧陪伴孩子，他们将成长为有原则、有担当的人。

小贴士

与其告诉孩子"做人要诚实"，不如让他亲身体验"诚信带来的信任和尊重"。

当孩子成为别人的影子

场景重现　游乐场上的隐形人

周六的游乐场喧闹如常，我却像在看一场无声的默剧——儿子明明站在人群中央，却仿佛透明。小凯冲向攀岩墙，他立刻跟上；朵朵提议玩沙子，他慌忙丢下刚拿起的铲子。

"宝贝，你昨天不是说想喂鸽子吗？"我蹲下来指向前方的白鸽广场。他捏着饲料袋的手指紧了紧，眼神瞟向正在荡秋千的孩子们："他们……他们可能不想去。"饲料袋最终原封不动塞回背包，他像卫星般绕着其他孩子旋转，连荡秋千都等别人玩腻了才敢坐上。夕阳下，那个总是落后半步的小身影，让我的心揪成一团。

心理视角　安全区里的"小跟班"

依恋理论创始人约翰·鲍尔比发现，焦虑型依恋的孩子更容易成为跟班。在孩子的成长过程中，过度依赖他人决策的"跟班"现象，往往源于早期依恋模式的不稳定。焦虑型依恋的孩子因缺乏对自身选择的信任，容易将决策权转移给同伴，形成"别人说什么就是什么"的被动模式。这种行为不仅是安全感缺失的表现，更可能抑制孩子独立思考的能力。

对家长教育的启示是，应避免在孩子自主尝试时过度干预（例如，"你这样拼不对"）或者代替孩子进行选择（例如，"穿这件更暖和"），给予孩子足够的空间去尝试和犯错。通过这种方式，孩子可以逐渐建立起对自己选择的信心，学会独立思考和决策。家长应成为孩子的"安全基地"，在孩子探索世界时提供支持和安慰，让他们在感受到安全的同时，勇敢地尝试新事物。

家长工具箱　从影子到光源的转化计划

● 错误案例

▲ 标签化打击："你就不能像阳阳那样有主见？"

这样的表达强化了孩子"别人比我好"的认知，加剧自我否定。

▲ 越俎代庖："妈妈帮你和他们说想玩滑梯！"

这样的表达会剥夺孩子练习机会，巩固依赖心理，失去自主训练的机会。

● 高情商沟通

▲ 第一步：鼓励孩子大胆尝试。

（1）当孩子说"随便"时，回应孩子："'随便'不在选项里哦，你可以创造第三个选择。"

（2）在孩子犹豫时积极鼓励孩子去做决定："还记得上次你选的路发现了蒲公英田吗？你的选择常常带来惊喜。"

（3）当孩子尝试拼装玩具时，与其直接指出错误，不如用开放式提问引导："如果换个角度拼，会不会更有趣?"这种引导方式既能保护孩子的探索热情，又能帮助他们逐渐建立独立思考的能力。

▲ 第二步：重建决策安全感。

（1）"微选择"训练法。

早餐二选一："燕麦粥 or 三明治?"

路线选择题："走樱花道还是喷泉路去学校?"

逐步升级为："周末安排权"（提供 3 个选项，孩子任选 2 个组合）

（2）错误保险箱。

准备玻璃罐与彩纸，每次自主决策后无论结果如何都写"勇气券"投入，集满 20 张兑换"特权卡"（如决定晚餐菜品）。

▲ 第三步：社交实验室。

（1）"决策阶梯"游戏。

绘制 5 级台阶：

1 级：跟随他人

2 级：小声补充想法（"我也想玩这个"）

3 级：提出替代方案（"要不要试试那个?"）

4 级：组织小组活动

5 级：说服他人加入

每完成一级贴星星，重点庆祝"进步"而非"完美"

（2）角色反转剧场。

家长扮演"跟屁虫"，孩子必须带领完成某项任务（如超市采购），用夸张演技展现依赖者的困境。

养育关键词 📄 主尝试

自主尝试是孩子构建自信的关键路径，当他们在安全的环境中被允许试错时，每一次探索都成为自我效能感的积累。父母应成为孩子探索世界时的"安全基地"，在孩子尝试新事物时提供情感支持，而非直接干预。最终，孩子会在父母的陪伴中学会相信自己的判断，在群体中既能尊重他人意见，又能坚定表达自我，成为兼具独立性与合作精神的完整个体。

小贴士

真正的自主性，不是突然绽放的花，而是需要日日浇灌的芽。

孩子在学校受欺负了

场景重现　孩子回家后的异常表现

傍晚，我正准备晚饭，却发现儿子一回家就躲进角落，闷闷不乐，衣服上还带着几块污渍。平时活泼的他今天异常安静，我心头一紧，轻声走到他身边："宝贝，最近学校怎么样？有什么不开心的事吗？"他抬头看我一眼，眼泪突然涌了出来："班上几个同学老把我的作业本藏起来，体育课还故意用球砸我……"我强压住怒火，继续问："多久了？告诉老师了吗？"他摇摇头，声音颤抖："他们说告状会更惨……"

看着他无助的样子，我心疼得像被针扎了一样。作为家长，我该怎么做才能帮他走出困境，既保护他，又让他学会面对问题？

心理视角　社会支配与受害者心理

校园欺凌并非偶然，其背后隐藏着复杂的心理机制。社会支配理论指出，校园中的强势孩子常通过欺凌来确立自己的"优越地位"，强化自己在群体中的控制感。而性格内向、缺乏社交技巧的孩子因不善表达或反抗，易成为目标。这种互动模式让欺凌者感到满足，却让受害者陷入无力感。

受害者心理进一步揭示，受欺凌的孩子往往因缺乏自信或害怕冲突而难以应对。他们可能反复被攻击，甚至内化"受害者身份"，觉得自己"活该"被欺负。长期下来，自卑、焦虑甚至抑郁可能接踵而至，影响学业和社交发展。

家庭支持是打破这一恶性循环的关键。研究表明，温暖且坚定的家庭环境能增强孩子的安全感，帮助他们建立自我效能感，即相信自己有能力应对挑战。家长的正确引导不仅能助力孩子学会自我保护，还能防止欺凌带来的长期心理创伤。

家长工具箱 **如何科学应对"校园欺凌"**

● 错误案例

▲ 指责孩子："为什么只欺负你，不欺负别人？你肯定有问题！"

这种表达会让孩子感到被误解，甚至产生自卑心理。

▲ 以暴制暴："你用拳头打回去！"

教会孩子用暴力解决问题可能激化矛盾，带来更多危害。

● 高情商沟通

▲ 第一步：耐心倾听。

"宝贝，别急，慢慢说，我在听，我想知道你现在的感受。"

耐心倾听，让孩子感到被重视，建立信任。

▲ 第二步：鼓励讲述。

"你能告诉我这件事已经很勇敢了，这不是你的错，是欺负你的人不对。"

肯定他们的勇气，帮助重建自信。

▲ 第三步：引导与支持。

"你觉得我们能做什么让事情变好？我们可以一起找老师说清楚，你觉得呢？"

为孩子提供支持和帮助，引导孩子参与解决问题，增强主动性。

● 有效行动指南

▲ 欺凌行为大侦探：准备包含（如：同学抢文具、推搡、嘲笑以及相互分享、友好互动等）不同场景的图片，让孩子观察图片，用"红色贴纸"标记欺凌行为，"绿色贴纸"标记友好行为，最后讲解每种行为的性质。帮助孩子区分"玩笑"与"霸凌"的边界，建立行为认知。

▲ 设计"勇敢姿势"：和孩子一起创编一个代表"我不怕"的动作（如双手叉腰、大声喊口号"我会保护自己！"）。通过肢体动作增强自信，让孩子学会用"非语言信号"表达态度，避免因紧张而畏缩。

▲ 证据收集：让孩子记录欺凌细节（时间、地点、行为），保存物证（如照片）。

▲ 家校联合：预约老师面谈，用"行为—影响—需求"表达。比如，直接和老师沟通："小明被藏作业本时很沮丧，我们希望学校加强监管"，通过家校合作确保孩子的在校安全。

▲ "优点树"，即每天写下自己的三个优点，强化自我认同。

养育关键词 校园欺凌

校园欺凌是孩子成长中的"暗礁"，而家长的支持和引导是他们的"灯塔"。自我效能感是核心——让孩子相信自己有能力应对挑战。无论是通过坚定表达、求助他人，还是调整心态，每次成功应对都为自信加分。家长不仅是保护者，更是赋能者：与其让孩子"忍一下"，不如教他们"如何坚定地表达自己"。

记住，欺凌不是孩子的错，家长的理解是他们最坚实的后盾。

小贴士

与其问"为什么不还手"，不如问"你希望我怎么帮你"。让孩子知道，家永远是避风港。

被老师冤枉的孩子

场景重现 不公平的责骂

放学后，客厅里静悄悄，女儿小雅却把书包重重摔在沙发上，眼睛红红的，像憋了一肚子委屈。我轻声问："宝贝，怎么了？"她低着头，声音颤抖："今天上课，我只是递了块橡皮，老师却说我讲话，罚我站了一节课！"她越说越激动："明明是旁边的同学在聊天，为什么怪我？老师连道歉都没有！"

看着她攥紧的小拳头，我心疼又犯难：孩子被冤枉了，我是直接找老师理论？还是让她忍一忍？

心理视角 公平感与信任的根源

公平感发展理论指出，孩子在8—12岁逐渐形成"付出—回报"的公平观念。他们期待自己的努力（守规则）换来公正对待（不被错怪）。"被冤枉"则打破了这种平衡，引发强烈的情绪波动，而孩子的大脑对不公格外敏感，会产生类似"被背叛"的感觉。

权威信任构建理论显示，孩子需要看到老师等成人以公正的方式行事。若误会未澄清，他们可能对权威产生怀疑，甚至波及对其他成人的信任。

情绪调节理论解释了孩子为何在被冤枉时或愤怒或退缩。他们的大脑前额叶尚未完全成熟，难以平复情绪冲动。家长的引导能帮助孩子学会表达感受，而非被情绪牵着走，从而增强心理韧性。

家长工具箱　如何科学帮助孩子应对"被冤枉"

● 错误案例

▲ 敷衍态度："老师就这样，你就忍忍吧！"

这种表达会让孩子感到被忽视，可能滋生无助感和对家长的不信任。

▲ 冲动介入："我明天去找你们校长！"

这种方式剥夺了孩子自我表达的机会，一味地代劳反而削弱孩子应对能力的锻炼。

● 高情商沟通

▲ 第一步：共情安抚。

"我知道你很委屈，被误会真的很难受，对吧？"

用这样的话语让孩子感受到被理解，愿意敞开心扉。

▲ 第二步：理性分析。

"老师可能没看清全貌，才会误会。这不代表你做错了什么。"

引导孩子理性分析，减轻自责和委屈的情绪。

▲ 第三步：赋能行动。

"我们来练习怎么跟老师解释清楚，比如说'我只是递了橡皮'，好吗?"

引导和鼓励孩子主动应对误会。

● 有效行动指南

▲ 事实整理法：教孩子在遇到误解时，先深呼吸冷静一下，列出事情经过（如"当时我在做什么，谁在旁边"），再清楚表达自己的观点，不让情绪主导表达。

▲ 情景演练：家长扮演老师，孩子练习平静陈述事实，比如"我只是递了橡皮，没讲话"。再互换角色，体会对方视角。

▲ 情绪画板：让孩子画出被冤枉时的心情（如乌云），再画出希望的状态（如彩虹），引导寻找解决办法。

▲ 鼓励孩子主动与老师沟通：如"下次可以试着说'老师，我能解释一下吗?'"在家练习对话脚本。

▲ 引导孩子理解事实："即使别人不道歉，你知道自己是对的，这就够了。"帮助他们建立内在自我认同。

养育关键词 延迟满足

被冤枉是孩子成长中的"试炼"，也是培养情绪调节能力的机会。家长不仅是安慰者，更是引导者，帮助孩子学会表达感受、理性应对，同时接受现实的不完美。每次"老师冤枉我"的抱怨，都是锻炼韧性的契机。家长在家也应以身作则，比如坦诚面对自己的错误，让孩子看到公平的榜样。

记住，生活不总是公平，但孩子可以学会用智慧面对。引导他们说出心声、站稳立场，他们将更有力量迎接未来。

小贴士

当孩子喊"不公平"，先说"我看到你有多难过"。一句理解胜过千句说教。

孩子被同学"针对"，
我该如何施招？

场景重现 操场上的小冲突

学校操场上，孩子们在阳光下跑来跑去，笑声和喊声交织成一片。我远远地看着儿子和同学玩捉迷藏，心想他终于融入团体了。可没过多久，他垂头丧气地跑过来，眼眶红红地说："小明老是推我，还说我跑得慢，大家都笑我！"

我心一沉，儿子最近总说和小明"不对付"，要么被推搡，要么被嘲笑，可他又不敢还嘴，只会憋着气回家发脾气。我该怎么办？直接找小明的家长？还是教儿子"别理他"？可这样真的能解决问题吗？我担心他越来越怕面对同学，甚至不愿去学校。

心理视角 冲突中的成长密码

冲突管理理论表明，孩子在社交中会遇到不同性格的同伴，有的通过"找茬"来测试界限或博关注，并非恶意欺凌。但这种低程度冲突却也可能让孩子感到压力，影响自尊。

应对策略至关重要。孩子若学会区分无意与故意行为，并用智慧回应（如幽默或坚定表达），不仅能化解矛盾，还能增强社交适应力，为未来的人际关系打下基础。

家长工具箱 化冲突为成长

● 错误案例

▲ 忽视感受："别理他就好！"

这种敷衍的回应让孩子觉得自己的情绪不被重视，可能导致他压抑感受或更缺乏应对信心。

▲ 过度干预："我去找他家长！"

直接介入可能让孩子觉得自己无能，甚至在同学中被贴上"告状精"的标签。

● 高情商沟通

▲ 第一步：共情感受。

"听起来小明的行为让你很不开心，被推或者被笑一定不好受，对吗？"

用这样的话语肯定孩子的情绪，让孩子感受到被理解。

▲ 第二步：引导分析。

"有没有可能是小明想引起大家注意，而不是真的讨厌你？我们想想他为什么这样做。"

引导孩子理性思考，区分行为的意图，减少受害者心态。

▲ 第三步：赋能应对。

"下次如果他再推你，你可以用坚定的语气说'我不喜欢这样，请停下来'，或者找老师帮忙。我们在家可以练习一下！"

教孩子具体的应对策略，增强自主应对能力。

● 有效行动指南

▲ 冲突模拟：家长扮演"找茬"的同学，模拟场景（如"哈哈，你跑得真慢！"），让孩子练习回应，比如用幽默化解（"是啊，我在省力气呢"）或坚定拒绝（"我不喜欢你这么说"）。通过反复练习，孩子能更自然地应对真实冲突。

▲ 朋友联盟：鼓励孩子列出 3 个支持自己的朋友，模拟如何一起应对冲突，增强安全感。

▲ 情绪管理训练：教孩子通过深呼吸冷静情绪，然后用简洁的语言表达自己的底线，如"我不喜欢你推我"。

▲ 建议孩子多交朋友：鼓励孩子多结交不同性格的朋友，减少被单一同学影响情绪的可能性。如，"你可以试着和喜欢画画的小红一起玩，找到更多好朋友"。

▲ 教孩子设定界限：如"如果你再说我慢，我就不跟你玩了"，并在家练习语气和眼神。

养育关键词 社交适应力

学校里的小冲突是孩子社交成长的"练兵场"。通过学习应对策略，孩子不仅能化解矛盾，还能培养自信和情绪调节能力。社交适应力的本质，是让孩子明白：冲突不可怕，关键在于如何用智慧和勇气面对。家长的支持尤为重要——与其让孩子"忍着"或"躲开"，不如教他们如何坚定表达、设定界限，同时保持对他人的尊重。这种能力将伴随孩子一生，帮助他们在未来的团队合作、友谊甚至职场中游刃有余。

　　家长要以身作则，展现如何处理冲突，比如在家庭中用冷静的对话解决问题。每次孩子勇敢面对冲突，都是他们成长的契机。把握这些"找茬时刻"，用科学的方法引导孩子，他们将学会在复杂的人际关系中找到自己的位置。

小贴士

　　与其告诉孩子"别和同学计较"，不如教他们用语言保护自己。一句"我不喜欢这样"可能比沉默更能赢得尊重。

朋友有点"特别"：培养孩子的同理心与界限感

场景重现 友情的甜蜜与烦恼

周六下午，儿子从公园回来，用来捕捉昆虫的网筐空荡荡，脸上挂着不高兴的表情。我问："今天跟小杰玩得开心吗？"他皱着眉："还行吧……可他老抢我的网，还把我推倒了！"小杰是儿子的铁哥们，他们都喜欢研究昆虫、制作标本。但小杰患有注意缺陷障碍（ADHD，俗称"多动症"），虽然平时总能想出新奇的方法玩耍，可一激动就"刹不住车"。儿子揉着胳膊上的红痕，低声说："我还是想跟他玩，可有时候他一兴奋就要推搡我，真烦！"

我陷入了两难：既担心孩子受伤害，又不忍切断这份特别的友谊。到底应当如何处理呢？

心理视角 从朋友身上学什么？

社会学习理论指出，孩子通过观察同伴调整自己的行为。同伴互动是社交能力的"实验室"。与不同性格的朋友交往，孩子学会包容和适应多元关系，情绪理解能力可提升一倍以上。与多动症朋友相处，他们可能学到创造力，但也可能短暂模仿冲动行为。关键是引导孩子放大正面影响，减少负面模仿。

多动症患儿社交特质包括高活力和即兴创意，但也易误读信号引发冲突。家长可帮助孩子理解这些特点，既珍惜友谊，又要在共情的同时学会设限保护自己。

家长工具箱 **如何平衡同理心与自我保护？**

● **错误案例**

▲ 全盘否定："少跟小杰玩，不然你也学得坐不住！"

这种表达会让孩子在心中对差异产生偏见，损伤同伴关系。

▲ 过度保护："以后我得盯着你们玩！"

这种回应会剥夺孩子独立解决问题的机会。

● **高情商沟通**

▲ 第一步：共情感受。

"被推倒一定不舒服，难怪你有点烦，对吧？"

用这样的话语肯定孩子的情绪，让孩子感受到被理解。

▲ 第二步：解释差异。

"小杰有时候控制不住自己，就像跑车没刹车，但这不代表他不想做你朋友。"

帮助孩子理解朋友行为背后的原因。

▲ 第三步：赋能应对。

"下次他太激动，你可以说'我们先歇会儿'，或者拉他去跑圈。我们在家里先模拟一下怎么跟他说，好吗?"

教孩子主动引导互动，培养孩子的应对能力。

● 有效行动指南

▲ 同理心训练：通过提问培养理解，如"如果你的手总停不下来，你希望朋友怎么帮你?"

▲ 教孩子设定界限：当对方让你觉得不舒服时，可以提醒对方冷静，比如用"暂停手势"。

▲ 友谊模拟：家长扮演多动症朋友，模拟抢东西或打断对话，孩子练习回应，如"我需要你先问我"。

▲ 优点清单：让孩子列出朋友的三大优点（如"点子多"），强化正面认知。

▲ 鼓励孩子独立判断：若朋友行为让自己不舒服，可礼貌说"不"。

▲ 选择适合的活动环境：如操场而非安静的图书馆，降低冲突风险。

▲ 定期聊聊友谊感受：比如"跟小杰玩开心吗? 有什么想调整的?"

养育关键词 同理心

友谊是孩子理解世界的窗口。同理心让孩子学会接纳差异，设限则保护他们的内心。家长不是友谊的"裁判"，而是"向导"，帮助孩子在多元关系中找到平衡。每次"他又抢我东西"的抱怨，都是培养包容与勇气的契机。

家长在家应更多示范尊重，比如倾听孩子的想法，让他们看到同理心的力量。珍惜这些"特别"的朋友，孩子将学会用温暖和智慧构建属于自己的社交圈。

小贴士

与其说"别学他"，不如问"你喜欢他什么?"从优点开始，友谊更坚固。

当孩子被同学排挤

场景重现 放学回家后哽咽的孩子

孩子像往常一样放学回到家，我满心欢喜地迎上去，却见孩子低着头，脚步沉重，书包带子从肩头滑落，整个人像被抽走了魂儿似的，低声嗫嚅："他们为什么不喜欢我？"我心头一紧，赶忙追问发生了什么。孩子抬起头，哽咽地说："他们玩的时候不叫我，我过去想一起玩，他们就散了。"

看着孩子满是疑惑和伤心的眼睛，我张了张嘴，却发现自己不知如何解释。说"他们不是故意的"，可孩子明明受了伤；说"你要迎合他们"，会不会让孩子失去自我，变得自卑。我该如何回答，才能让孩子既理解这个情况，又不否定自己。

心理视角 儿童社交圈的动态性

鲍迈斯特和利里于 1995 年正式提出归属需求理论，人类存在一种与他人建立持久积极互动关系的底层驱动力，儿童在 3—7 岁阶段即开始形成对社交关系的认知需求。当在群体中被接纳时，其自尊水平会随同伴接纳程度提升而正向变化，反之则陷入"排斥—自尊下降—社交退缩"的恶性循环。

儿童友谊发展呈现阶段性特征：3—7 岁阶段以物质属性为导向建立游戏伙伴关系，8—12 岁进入双向帮助期，13 岁后开始形成具有排他性的亲密共享关系。而儿童的社交圈也呈动态性发展，基于兴趣差异、个性冲突与群体规则等因素产生的排斥多属于情境性适应问题，而非儿童固有缺陷。

根据罗森伯格的自尊发展理论，自尊是个体对自我所持有的整体态度，而当孩子遭遇排斥时，会对自尊产生显著的负面影响。因此，家长需要帮助孩子在面对排斥时，不把自己的价值与他人的接纳度直接挂钩。

家长工具箱 　如何培养孩子自尊？

● 错误案例

▲ 刻意迎合："他们不喜欢你？那你去讨好他们呀。"

这种回应容易让孩子认为是自己的原因导致了他人的疏离，容易自我归因，自我怀疑，甚至形成讨好型人格。

▲ 强化自卑："你想多了，他们肯定不是故意的。"

这种回应否认了孩子的感受，让孩子觉得家人没和自己站在一起，感受不到家人的理解和支持。

▲ 否定他人："一定是他们的问题，故意在孤立你，不理他们就是了。"

这种将问题回应全部归咎于外部环境与他人，将孩子置于高高在上的处境，容易导致过度以自我为中心，错失合适的交友机会。

● 高情商沟通

▲ 共情理解。

"难怪你这么难受。你是那么想和他们一起玩,但他们好像并不接纳你。"

这种表达首先认可了孩子的感受,又告诉他并不孤单。理解孩子感受到被排斥的痛苦,传递给孩子"我就在这里,和你一起"的信息。

▲ 朋友圈拓展。

"要不要通过班级中的课外活动或兴趣小组,试着与其他同学一起玩?"

鼓励孩子与不同圈子的小朋友接触,而不是执着于同一个圈子。可以鼓励他去参加班级的兴趣小组——绘画、舞蹈、体育或者科学实验社团,不仅能够让他找到志同道合的小伙伴,也能在新的环境里发挥自己的特长。

▲ 树立健康社交认知。

"朋友不一定要很多,重要的是找到真正欣赏你的人。"

家长要向孩子传达健康的社交认知,打破交友的"唯数量论",真正重要的是彼此的欣赏与支持。朋友并不是数量越多越好,灵魂上的契合才能够真正满足社交的归属,带来安全感与满足感。

孩子遇到排斥时,不妨和他一起做"事实—感受—解释"三步练习:先陈述"他们没有叫我玩"这样的客观事实,再表达"我很伤心",最后一起探讨"也许他们没看到我,或兴趣不同,抑或还不了解我的性格",从而让孩子明白,世界并非只有"不喜欢"这一种解释，避免让他将所有错误都归于自己。

▲ 培养自尊与自信。

除了突破外部圈层，更要从内部源头滋养孩子的自尊与自信。周末，家长可以安排一次"我是谁"多角色体验：让父母或兄弟姐妹扮演老师、同学或教练等角色，从这些特定视角出发"采访"孩子，帮助他发现并更清晰地认识自身的优点。或将孩子的优点写入"闪光日记"或用录音记录下来，每月一起翻阅，让孩子真切感受到自己的成长与价值。

养育关键词　动态社交

动态社交的本质在于，帮助孩子认识到友谊并不是固定的，也不局限于某个特定群体。基于自身个性与兴趣爱好的差异，也会结识到不同的人，收获属于自己的友谊，孩子的自尊水平与人际关系质量也呈现出显著正相关。

在孩子成长的过程中，社交归属的需求是持续且随年龄而不断变化的。3—7岁的孩子主要靠共同的玩具与游戏建立伙伴关系；8—12岁则进入"互帮互助"期；13岁后，孩子更倾向于在彼此深度交流与共同兴趣中形成排他性的小圈子。面对因为兴趣差异或规则不合而产生的排斥，要让孩子明白，这只是社交过程中的暂时插曲，而非对本质的否定。

每次面对社交困境时，家长既要做孩子的"倾听者"，耐心听完他的委屈与困惑；也要做他的"合作者"，与他一同分析原因、探索新方法；更要做他的"支持者"，在每一次小小的突破后给予真诚的鼓励与陪伴。家长要帮助孩子理解：当眼前的朋友还不够"懂你"，并不意味着未来不会遇到理解与欣赏你的伙伴。

小贴士

　　在培养孩子社交能力的过程中，与其告诉孩子"你很好"，不如帮助他找到真正欣赏他的人，让孩子知道不被接纳并不代表自己不好。

当孩子被困在"外号"里

场景
重现 被起了侮辱性外号而哭闹的娃

孩子耷拉着脑袋，拖着沉重的步伐迈进家门，平日里的活泼劲消失殆尽。我心里"咯噔"一下，赶忙迎上去询问缘由。犹豫了好一会儿，孩子才小声嘟囔着："他们又叫我那个外号了。"我心疼得不行，赶忙追问有没有告诉老师。"告诉了，可他们私下还是喊，老师也管不过来。只要老师不在，他们就又开始起哄了。"

我的心里像被一团乱麻堵住了，又心疼又愤怒。害怕这件事会在孩子心中留下永远的伤疤，影响未来的成长与发展。可我又不敢贸然行动，如果干预过度，情况说不定变得更糟。万一那些孩子变本加厉地欺负孩子，或者让孩子在学校里被孤立，那可怎么办？

心理
视角 标签效应的影响

标签效应是指，一旦人们被贴上某种标签，就会按照标签所标定的人去塑造自己。当孩子被反复用一个不好的外号称呼时，这个外号就像一个无形的枷锁，带来无力感并逐渐产生认同。

而自我认同理论强调个体对自身身份、特征和价值观的认知与接纳。在学校的环境中，同学们的评价就像一面镜子，每个人通过镜子来认识自己。侮辱性外号的长期使用，不仅会扭曲自我形象认知，还会进一步产生自卑心理。

社会影响理论表明，他人在场很可能对个体行为产生抑制作用，最常见的便是从众现象，个人在群体中去个性化。当同学们发现私下使用侮辱性外号可以成为一种"群体默契"，能够拉近彼此的距离时，他们就会不顾老师的警告，继续在私下使用这些外号。这种群体行为就像一股强大的暗流，难以被老师轻易遏制。

家长
工具箱 **科学建立心理韧性**

● 错误案例

▲ 无效忽视："别理他们，不要在意。"

单纯的无视并不能从根源上解决问题，反而会让起外号的同学变本加厉，认为被起外号的同学"好欺负"，从而进一步伤害他人自尊。

▲ 以牙还牙："你也给他们起侮辱性外号，不能受欺负。"

侮辱性外号的本质是对他人自尊的伤害与刻板印象的叠加，如果单纯地以其他的侮辱性外号反击，则会加大负面影响，起到适得其反的效果。

● 高情商沟通

▲ 第一步：引导心态调整。

"这个外号让你不开心了，对吗？我们一起来动脑筋，怎么让他们自己不想再用这个外号了。"

帮助孩子做好心态上的过渡与调整，化解侮辱性外号的玩笑化特点，而不是让孩子更痛苦。

▲ 第二步：无效化策略。

"这名字太无聊了，换个好点的吧。"

通过行动减少外号对本人产生的影响。当有人称呼这个外号时，用上述句子应答，让反应变得平淡或幽默，有效化解。

▲ 第三步：角色扮演。

家长模拟取外号的同学，帮助孩子练习用幽默、无视或坚定态度回应。通过角色互换，让孩子体验被取外号的感受，从而明白这种行为的不恰当，自觉避免给他人取外号。

▲ 第四步：积极自我认同。

在家庭层面，通过强调孩子的优点与价值，建立积极的自我认同，使其不会被外界的负面称呼所影响。

养育
关键词 自尊保护

青少年处于身心发展的高速期，自尊心是孩子成长过程中至关重要的心理基石，自尊保护于他们而言具有十分重要的意义与作用。当孩子遭遇被取侮辱性外号这样的伤害时，家长首先要给予孩子充分的理解和情感支持，让孩子感受到自己是被爱、被尊重的。要让孩子明白，外号并不能定义他们的价值，他们依然是独一无二、无比珍贵的。

作为家长，需要时刻关注孩子的心理变化，保护好孩子的自尊心，同时教会孩子正确的应对方法，如幽默回应、无视外号、坚定回应等，让孩子在面对困难时能够坚强、自信地成长。

小贴士

当面对别人取外号时，最有效的方法往往是让这个外号变得不好玩，而不是直接回应愤怒。

别人的替罪羊

场景重现 沉默的羔羊

儿子幼儿园的好朋友小明来家里玩，短短几天的相处却让我倍感困扰。这个孩子完全没有基本的卫生习惯——吃饭时米粒撒满桌，菜汤顺着碗沿滴也不擦；我刚拖完地，他就把啃了一半的苹果核塞进沙发缝。最让我揪心的是，当他弄坏儿子最珍爱的乐高机器人后，却推卸责任说"是他非要拆的"，而一向诚实的儿子竟然也沉默地接受了这个谎言。

看着儿子每天像个小跟班似的替他收拾残局，甚至开始学着包庇说谎，我很担心长期下去，儿子会把"背黑锅""推卸责任"这些坏习惯当成常态。我的内心充满矛盾，既想保护自己的孩子不受负面影响，又不想伤害两家的情谊，这个度实在难以把握。

心理视角 责任归因与道德判断

在儿童青少年的社会化进程中，同辈群体对于其责任归因与社交边界的形成起到了关键的作用。儿童在社交中的"自我牺牲"是家庭系统中的代际传承与社会文化中集体主义的文化语境交互作用的产物。

家庭系统在此过程中扮演着隐性模因载体的角色。若父母在日常互动中习惯性回避冲突、过度强调"以和为贵",子女发展出清晰社交边界的概率将显著降低。当朋友提出不合理要求时,来自家庭的"避免冲突"经验会自动激活,使孩子优先选择自我牺牲而非理性拒绝。

文化语境则构成群体互动的宏观框架。集体主义文化中强调的"群体优先"原则,通过三个层面加剧替罪羊现象:其一,将"顾全大局"的道德优越性凌驾于个体权益之上,使拒绝代人受过的心理成本提升;其二,"枪打出头鸟"的潜在规范抑制旁观者干预意愿,会导致责任扩散效应持续时间延长;其三,宿命论叙事将替罪羊角色美化为"必要的牺牲",这种文化认知滤镜使儿童更易内化外界强加的负面标签。

家庭与文化的交互作用形成独特的强化回路。因此,家长需要帮助儿童重构社会认知生态系统,建立健康的友谊边界,在享受友谊的同时也能更好地保护自我。

家长工具箱　如何帮助孩子建立"弹性的边界"?

当你发现孩子成了人际交往中的"替罪羊",该如何引导孩子呢?

第❶步 关注孩子的情绪和想法并共同探讨

"我发现,上周小明在家的时候,他乱丢果核、破坏你的玩具,当妈妈询问你们的时候,你们都否认了。但妈妈看你的表情好像不是很开心，你能和妈妈说说当时的感觉和想法吗?"用相对客观具体的描述把观察到的孩子的表现反馈给孩子，并且询问孩子当时的感受与想法，让孩子感受到父母并不是要责怪自己，而是要了解事情本身以及自己的想法。待孩子充分表达后，引导孩子理解自己行为背后的动机，与孩子一起讨论利弊。

第❷步 进行拒绝训练

帮助孩子练习在朋友提出不合理要求时，学会说"不"或提出自己的想法。家长扮演不同性格的同伴，从温和请求到激烈施压分级训练，练习非对抗性拒绝方式，如"我知道你很着急，但我不能这么做，这是我的底线。我们或许可以试试其他的解决方法，你觉得这样可以吗?"鼓励孩子在人际沟通中运用非暴力沟通的技巧，在不破坏友谊的前提下表达自己的观点和感受，拒绝不合理的请求。

养育关键词 责任边界与道德主权

儿童成为"替罪羊"的本质，是责任归因偏差与道德判断失准的连锁反应。群体压力下，儿童易将他人过失错误内化，同时道德评价系统因过度追求"和谐"而钝化——当同伴推诿责任时，本应起作用的理性判断被情绪驱动压制，导致"代人受过"成为默认选项。

当孩子为维护友谊而默认"背锅"时，家长要善于把握这些瞬间，用科学的方法陪伴孩子成长，让孩子理解：友谊从不需要牺牲自我清白，拒绝不当归因恰恰是维护关系的基石。这种认知升级，能将其从被动承受者转化为边界守护者，促进孩子更好地自我成长。

小贴士

　　健康的友谊并不需要一味妥协、牺牲自我，而应当构筑起自己的社交边界，对做"替罪羊"勇敢说"不"。

为什么他可以有，
我却没有？

场景重现　一双限量版 AJ

上周六，孩子刚进家门就迫不及待地跟我说："妈，小宇今天穿了双限量版 AJ，全班男生都围着他看呢！"他用渴望的眼神看着我，然后低头踢了踢自己洗得发白的球鞋，声音突然低了下来："我们班好多人都有这种鞋……"看着他眼里闪烁的羡慕和渐渐黯淡的神情，我的心像被揪了一下。答应他？怕助长虚荣攀比的风气；拒绝？又担心他在同学面前抬不起头。到底该怎么让孩子明白，真正的价值不在于脚上的鞋子，但又不伤及他敏感的自尊心呢？

心理视角　社会比较与身份认同

孩子在成长过程中会自然地通过与他人比较来定位自我价值。根据社会比较理论，当缺乏明确标准时，我们会本能地以他人为参照物来评估自己。在学校这个小社会里，孩子们会不自觉地观察同伴的穿着、用品，并与之比较。当发现同学拥有新款潮品时，他们不仅渴望这些物品本身，更看重其象征的社交认同——这些看似普通的物件，在孩子眼中却是融入群体的"通行证"。

209

这种消费心理折射出孩子对归属感的深层需求。品牌商品往往被他们视为获得同伴认可的媒介。一双限量球鞋或一部新款手机，可能意味着在课间闲聊时能获得更多关注，在集体中不被边缘化。这种心理需求并非虚荣，而是成长过程中对社交认同的自然渴望。

然而，孩子的消费观尚未成熟，容易受到双重影响：一方面，商家精心设计的营销策略，将商品与"酷""时尚"等标签绑定；另一方面，同伴间的从众压力会放大购买冲动。当班级里多数人都拥有某件商品时，剩下的孩子很容易产生"不拥有就落后"的焦虑。这种环境容易让孩子忽视物品的实用价值，而过度关注其社交属性。

作为家长，我们需要理解这种心理背后孩子真正的需求：孩子要的不是商品本身，而是背后的社交安全感。关键在于帮助孩子建立健康的自我价值认知，让他们明白真正的认同来自个人内在特质，而非外在物品。同时，也要引导他们理性看待消费，区分真实需求和从众心理，培养独立的判断能力。

家长工具箱 五步构建价值体系

第1步 共情倾听，让理解先行

首先，家长要全身心投入，放下评判和说教意图，给予孩子充分关注，使用语言复述和验证他的感受。千万不要说诸如"别总跟别人比这些，好好学习才是正事！"这种回应直接否定孩子感受，会让孩子觉得自己的想法不被尊重，可能引发抵触情绪，不利于亲子沟通和问题解决。

在与孩子沟通时，要注重循序渐进，逐步引导孩子思考。首先，要充分表达对孩子感受的理解："宝贝，妈妈知道你喜欢那双鞋，看起来确实很酷。你这么喜欢它，是因为它哪里特别吸引你呢？是款式、颜色，还是其他原因呀？"

通过这样的提问，让孩子感受到被理解，被尊重，愿意敞开心扉分享想法，也为后续的价值引导奠定信任基础。

第❷步 价值引导，多维度评估需求

当孩子说出喜欢的原因后，继续深入引导，比如孩子说喜欢鞋上独特的标志，这时你可以说："这个标志确实很特别，很多人都喜欢。不过妈妈有点好奇，要是穿着这双鞋去学校，除了大家可能会觉得很酷，还有没有其他不一样的地方呢？比如穿着它跑步会不会更舒服，和你现在的鞋子比起来，有什么不同呢？"

引导孩子思考物品除了外观，在实际使用中的价值。

接着，和孩子探讨购买决策与现实情况，"妈妈明白这双鞋对你很有吸引力，但是我们买东西的时候，除了喜欢，还得考虑一些其他的因素。你看，这双鞋的价格有点贵，要是买了它，这个月我们买其他东西的钱可能就会少一些。你觉得为了这双鞋，做这样的调整值得吗？而且，你现在的鞋子虽然不是这款潮鞋，但也能满足日常的穿着需求，我们该怎么平衡这两者呢？"

通过这样的沟通，让孩子明白购买行为需要综合考虑多方

面因素，培养理性消费思维。

第❸步 实践演练，购物预算管理

仅仅告诉道理往往不够，还要让孩子亲身体验金钱的有限性。

每周给孩子一定金额的零花钱，如 50 元，让其自行安排一周的零食、文具等开支。孩子需要在预算内规划购买物品，若超支则需等到下周。在这个过程中，孩子能亲身体验到金钱的有限性，学会权衡商品价格和需求，从而逐渐养成理性消费的习惯。也可以给孩子设定储蓄目标，让孩子通过自己的努力存钱购买，而不是直接满足他的要求。

第❹步 强化内在认同，发现并肯定孩子优势

当孩子在其他领域获得成就，他对"鞋子带来的关注"的依赖度就会下降。家长要善于发现孩子的兴趣和特长，并为其创造实践与展示机会，如绘画比赛、运动社团、音乐演出等。每当孩子在这些领域有所进步，家长要及时、具体地给予肯定。这样的正向反馈，有助于他在内心建立"我就是有价值"的认同感。

第❺步 社会贡献，从助人为乐中获得归属

社交安全感来自稳定、真诚的朋友圈，而非单一潮流标签。鼓励孩子参与小组讨论、团队项目，让他学会表达自己并体验被倾听的安全感。

　　家长可以引导孩子将关注焦点从"被关注"转向"关注他人"。在家庭中，可以定期举办"家庭技能秀"或"小小演讲会"，让孩子以主角身份展示特长，全家为他鼓掌；在社区或学校，则推荐孩子参与志愿者活动，如图书馆小读者、养老院陪伴等。通过帮助他人，孩子不仅获得"被需要"的归属感，也在实践中体会到"社会价值"，从而构建更广阔、持续的社会认同。

　　通过上述五步，家长不仅能化解孩子对"限量 AJ"的渴望，还能帮助他建立稳固的自我价值和社交安全感。当孩子问自己："这双鞋能带给我什么长远的价值？"他会从"被瞩目"转向"如何成就更好的自己"，最终实现内在与外在认同的健康平衡。

养育关键词　金钱教育

　　孩子对物质的渴望大多源于同伴影响，家长不能简单满足或拒绝。引导孩子树立健康金钱观是关键，比如，当孩子提出购买需求时，不要直接说"不行"，而是先理解孩子的"想要"，然后再问"你为什么想要这个？它对你有什么用？"让孩子思考物品的价值和必要性。

　　日常生活中，家长可以和孩子一起制定购物清单，教孩子比较不同商品的价格和质量；也可以让孩子参与家庭理财讨论，如每月水电费、食品开支等，让孩子了解家庭财务状况。

　　通过这些方式，帮助孩子明白金钱的来之不易，学会合理规划和使用金钱，在面对物质诱惑时保持理性，为未来的生活奠定良好的经济素养基础。家长也要以身作则，避免自己过度关注品牌和奢侈品，否则孩子会从父母的行为中学到攀比心理。

小贴士

　　预算不是限制，重要的是教会孩子如何在规划中发现真正的需求，在每一次理性选择中体会掌控的成就与安心。

孩子有个"坏"朋友

场景重现 好朋友

上周六下午，我站在小区门口等孩子小峰放学。夕阳把他和同伴的影子拉得老长，可还没等他们走近，一股刺鼻的烟味就飘了过来。小峰的好朋友小宇走在最前面，校服皱巴巴地裹在小宇身上，头发乱得像鸟窝，一张嘴说话就带着烟味。小峰跟在后面，两人时不时打闹一下。我的心猛地一沉——该不会小峰也跟着他学坏了吧？这个念头像根刺扎在心里，越想越难受。想说又怕伤了孩子的自尊，想告诉小宇家长又担心孩子记恨我多管闲事。这几天做饭时想，洗碗时想，连夜里翻来覆去都在想：到底该怎么开口，才能既保护孩子，又不伤害他们的友谊。

心理视角 儿童不良行为的习得机制

青少年时期是行为习惯养成的关键阶段，各种不良行为的传播往往植根于三个相互关联的心理机制。

从社会学习理论来看，青少年具有强烈的观察模仿倾向。他们会敏锐捕捉同伴不良行为带来的社交回报，这些观察会在潜意识里形成行为模板，特别是在小群体中，当核心成员通过不良行为获得地位时，其他人就容易将其视为获得认同的捷径。

这种模仿冲动与青少年典型的认知特点密切相关。由于前额叶发育尚未完善，他们往往高估不良行为带来的即刻快感（如刺激体验、彰显个性），却严重低估潜在风险。在他们看来，负面后果是遥不可及的，而同伴认可却是触手可及的。

更深层的原因在于青春期强烈的认同需求。这个阶段的孩子像雷达一样不断扫描社交环境，寻找归属坐标。当发现某种不良行为成为群体"入场券"时，就会主动调整行为来换取认同。这种心理机制使得不良行为在青少年群体中极易传播蔓延。

理解这个由观察学习、认知偏差和认同需求构成的心理闭环，才能找到有效的干预切入点，帮助青少年建立健康的行为模式。

家长工具箱 理性共情与边界守护

• 事实讨论法

家长可以和孩子一起查阅关于吸烟危害的资料，像是因吸烟引发疾病的案例、医学研究报告、科普文章、纪录片等，和孩子一起分析讨论。在讨论过程中，引导孩子思考："既然吸烟有这么多危害，为什么还有人选择吸烟呢？"让孩子自己去探究背后的原因。通过这样的方式，孩子能逐渐形成自己的判断，明白吸烟并非明智之举。

• 共情孩子所遇到的矛盾

对于正处于价值观形成阶段的孩子，家长可以和其一起讨论所面临的友谊与不良行为之间的矛盾。比如可以和孩子说："你喜欢和小宇一起打篮球、玩游戏，但他的吸烟行为又让你觉得这是不对的，这让你感到很矛盾，是吗？可以说说你有什么感受和看法吗？"在孩子充分表达的基础上，家长可以给予适当的理解与支持，鼓励孩子表达自己的困惑，并和孩子共同探讨他的想法。

• 设定个人界限

家长要在理解孩子的前提下和孩子明确强调个人界限。告诉孩子："朋友可以有不一样的习惯，但不代表你要跟随。吸烟是有害健康的行为，你要坚守自己的原则，不要因为朋友做了，你就跟着做。"让孩子在心里树立起清晰的行为准则，知道哪些行为是绝对不能触碰的。

• 提醒孩子保持适当距离

家长要提醒孩子，如果朋友的不良行为让自己感到不舒服或者有压力，在必要时要和朋友保持适当距离。比如，当朋友在身边吸烟时，可以选择暂时离开那个环境，或者友善地提醒朋友不要在自己面前吸烟。这并不是不重视友谊，而是在保护自己的健康和坚持自己的价值观。

养育关键词 社交边界与风险认知

在孩子的成长过程中，社交边界与风险认知是至关重要的。作为家长，应当引导孩子主动思考"朋友的行为是否符合自己的价值观"，从而建立自己的社交边界，明确哪些行为是可以接受的，哪些是必须拒绝的。在日常生活中，家长可以多关注孩子的社交动态，及时发现问题并引导孩子，帮助他们在复杂的社交世界中健康前行，成为既有独立思考能力，又能坚守原则的人。

小贴士

要告诉孩子，拒绝朋友不是抛弃友谊，而是在守护健康中学会勇敢说"不"，在保持友谊的同时守住自己的底线。

女儿被同学"表白"了

家长的尴尬时刻，我的女儿恋爱了？

三年级的美美放学回家后，兴奋地告诉我："妈妈，今天我们班小明说喜欢我，要和我结婚。"我强忍着笑意问："是吗？那你怎么回答的呢？"美美摆弄着书包带说："我说好啊，因为小明是我们班跑得最快的，而且他总把零食分给我。"

我心里一惊，糟了，我的女儿这么小就要恋爱了吗？她知道什么是"喜欢"吗？孩子这么小，真的懂"喜欢"吗？这是正常的事情，还是该引导她远离"早恋"？如果我反应太强烈，会不会让她以后不愿意和我分享？

此喜欢非彼喜欢

根据埃里克森的社会情感发展理论，6—12岁是儿童建立社会胜任力的关键时期，这个阶段的发展任务可以形象地比作儿童正在搭建一座"能力大厦"，每一块砖石都代表着他们通过努力获得的技能和自信。这个阶段的孩子开始通过同伴关系建立自我认同，他们口中的"喜欢"更多是一种社交学习行为，而非成人理解的浪漫情感。三年级孩子表达"喜欢"通常具有以下特点：

· **模仿性**：模仿影视作品或成人世界中的情感表达方式（如"结婚"等说法）

· **工具性**：基于具体特质（如"跑得快""分享零食"等可见行为）

· **流动性**：今天说"喜欢"A 同学，明天可能就换成 B 同学

· **群体性**：常受同伴群体影响（如"大家都说喜欢他"）

家长工具箱 面对孩子之间的"喜欢"，怎么做？

● 错误案例

▲ 情感否定/忽视："小屁孩懂什么喜欢不喜欢的"。

这样的回答可能会让孩子感到情感不被尊重，下次可能不再跟家长分享内心感受。

▲ 回避话题（转移话题）："作业写完了吗？"

回避转移可能会错失非常重要的一次情感教育的契机，同时回避的态度可能也会让孩子迷惑不解，得不到正面的反馈，无所适从。

▲ 成人化解读："你是不是早恋了？"

过早引入成人情感的概念，会给孩子造成认知上的混乱，这样过度的反应也可能会让孩子对情感话题产生羞耻或回避心理。

● 高情商沟通

▲ 第一步：共情。

"谢谢你跟妈妈分享，可以多告诉妈妈一些吗？"

当孩子主动讨论情感话题时，家长要先用这样的话语肯定孩子分享的行为，让孩子感受到尊重和包容，创造让孩子敢于讨论情感话题的家庭氛围。

▲ 第二步：澄清。

"小明说喜欢你呀？你觉得被喜欢是什么感觉？"

开放性的问题可以帮助孩子进一步澄清对"喜欢"的理解。告诉孩子，喜欢一个人有很多种，比如喜欢朋友、喜欢家人、喜欢老师，班级同学的"喜欢"更多是一种亲近感，而不是像大人那样的爱情。

对于不同年龄的孩子，解释"喜欢"应有差异："喜欢＝欣赏（觉得对方某方面很棒）"，"喜欢＝友谊（在一起很开心）"等。

▲ 第三步：边界教育。

"遇到自己不同意的'喜欢'，可以说'不'，'谢谢你的喜欢，但我们还是像朋友一样相处吧'。"

引导孩子在人际交往中保持舒适的边界，告诉孩子可以友好回应同学的喜欢，但不需要因此改变自己的行为。可以进行一个小游戏，提前准备孩子喜欢吃的水果和不喜欢吃的水果，鼓励其对"不喜欢"说"不"。

养育关键词 喜欢是一场纯真的情感探索

　　孩子对"喜欢"的表述，往往只是他们学习社会交往的语言实验。在孩子的成长过程中，谈及情感，家长会"谈虎色变""畏之如虎"。恰恰相反，每一次的情感探索都是很重要的成长机会，是孩子心理地基建造的重要基石。其实，最智慧的做法是：既不将孩子的好感成人化，又不轻视其中的情感价值，要呵护孩子纯真的情感，记住，孩子此刻的"喜欢"，是他们学习爱与尊重的人生第一课。

　　在孩子成长过程中，家长应该用温和、开放的态度陪伴，而不是用否定或打压的方式让孩子对"喜欢"感到困惑或害怕。这样才能为他们未来复杂的人际关系打下健康基础。

小贴士

　　与其告诉孩子"你们太小，不懂喜欢"，不如告诉她"喜欢是一种很自然的情感，我们可以一起聊聊"。

情窦初开的中学生：
青春期少年社交

场景重现 和异性日渐亲密的孩子

那日我提前下班，在街角瞥见初中女儿与一位男生并肩而行，书包轻轻碰撞，笑声散落在夕阳里。后来才注意到，这样的同行已成日常——放学的林荫道上总映着两个长长的影子，手机里那个频繁跳动的头像，周末外出时反复出现的那个名字，都在悄悄编织着一个母亲的心事。

试探着问起时，女儿敷衍地说："只是聊得来的朋友而已。"可我的忧虑却如涟漪般扩散：十四五岁的年纪，这份青涩的陪伴，会不会过早叩响情感的门扉？中考的脚步渐近，若心绪被这份朦胧牵动，又该如何在学业与成长的天平上找到平衡？

心理视角 逐渐成熟的社交

20世纪四五十年代埃里克森和沙利文等心理学家的理论丰富了对于个人发展不同阶段的认识。刚迈入青春期的青少年更多和同性伙伴一起玩耍。随着年龄的增长，性别的隔阂会逐渐被打破。在12—15岁时，开始发展更深层次的友谊，也开始加入有异性朋友参与的集体活动。与异性朋友交往并不一定意味着恋爱，而可能是社交成熟的体现。

恋爱关系在一定程度上也会影响孩子的社交地位。有"对象"可能被视为一种"成熟"或者"受欢迎"的标志，从而提升他们的自我价值感和在群体中的地位。青少年与异性相处，更多是对人际关系的尝试。家长应当支持用开放的态度引导孩子健康社交，过度防范和阻挠反而可能激发孩子的逆反心理，让其变得更抗拒、隐瞒，或在亲密行为上升级。

家长工具箱 如何引导孩子建立健康的异性社交观？

▲ 购买适合青少年阅读的科普书籍，或者和孩子一起看一些科普视频或者青春校园剧。让孩子了解青春期发育时男生和女生不同的心理和生理变化及特点。在观看后与孩子进行讨论，解答他们的疑问。

▲ 与孩子进行专门的谈话，通过讲述自己或身边人的真实经历，让孩子理解异性之间正常友谊的存在，打破"与异性交往就是谈恋爱"的错误观念。与孩子一起讨论分析。例如，当孩子提到某一个和自己兴趣爱好相近，愿意一起分享交流、在学习和生活上互相帮助的异性时，引导孩子认识到这种关系或许是友谊的体现，而非恋爱。

▲ 情景模拟活动：设定不同的社交场景（如在学校、聚会等场景中与朋友相处），让孩子在模拟中学习如何尊重彼此的界限。比如，当一方提出不合理的要求时，另一方该如

何表达拒绝。

 **亲密关系**

　　青少年交往中的亲密关系是指青少年之间建立的一种深度情感连接，包含情感、认知和行为等多个层面。他们会变得信任与依赖自己的伙伴，会互相关心对方的生活、学习和情绪状态，主动提供帮助。他们通过自我暴露的方式向对方展示自己不为人知的一面，以此建立更加深入的社会关系，增进彼此的亲密感。青少年会愿意花时间陪伴对方，一起参与各种活动，如学习、娱乐、运动等。在这个过程中，他们会分享彼此的经历和感受，共同创造美好的回忆，也会愿意在金钱上为对方付出，彼此交换价格较高的礼物等。在建立亲密关系的过程中他们也会有身体上的接触。

　　青少年时期的亲密关系对于他们的情感发展和社会能力培养具有重要意义。他们通过这种方式构建了自己早期的社交网络，良好的社交互动体验，能对成年后的社会活动提供有力支持。

　　青少年发展亲密关系是学习成人社交的必经之路，也是寻找支持，寻找爱的探索过程。家长要支持、理解和保护，也要帮他们避开人际关系中的"坑"。

拥抱我们的身体与生命

我从哪里来？

妈妈，我是从哪里来的？

在一个阳光明媚的周末下午，我在家中阅读，女儿月月在安静地玩她的洋娃娃，十分和谐。突然，女儿月月抬头看着我，眼睛里充满了好奇，问："妈妈，我是从哪里来的呀？"我一时语塞，脸上闪过一丝尴尬，脑子里闪过各种回答："是直接告诉她科学的事实，还是用童话故事搪塞过去？如果说太多她能理解吗？如果她在学校乱说怎么办？"

自我探索的开始

根据儿童性别认知发展理论，孩子在3—6岁时开始对身体功能和生命来源产生自然兴趣。这个阶段的孩子正处于性别认知的初期，他们开始意识到男女性别的差异，并对自己的身体和他人的身体产生好奇。这种好奇心是儿童认知发展的自然表现，是他们探索世界、理解自我和他人关系的重要途径。

当孩子问"我是从哪里来的"时，他们不仅仅是在询问生理上的来源，更是在探索自我身份和性别角色。

家长工具箱 如何回应孩子关于生命起源的问题？

● 错误案例

▲ 回避问题："这个你太小了，现在不懂，等你长大了就会知道了"（间接拒绝）；"别问这些奇怪的问题"（直接拒绝）。

这种回复可能会让孩子觉得这个问题是不被允许讨论的，或是自己的出生是难以启齿的，从而对自己产生羞耻感。

▲ 编造故事/开玩笑：用不真实的故事回答孩子，比如"你是从垃圾桶里捡来的"，"你是从天上掉下来的"，"你是充话费送的"等。

这种回答可能会让孩子感到困惑，甚至产生不安全感，比如，担心自己会被"丢回垃圾桶"。

▲ 一成不变的回答：对 3 岁的孩子和 6 岁的孩子都用"你是从妈妈肚子里来的"。

这样的回答，没有根据孩子的成长调整解释的深度。过于简单的回答可能会让他们觉得家长在敷衍，无法满足他们的好奇心。

● 高情商沟通

▲ 第一步：肯定孩子的情感需求。

"哇哦，这是个很好的问题呢，月月开始思考，开始探索世界了，你真棒！"用这样的话语肯定孩子提问的合理性，让孩子感受到自己的提问被鼓励，被允许，被理解。

▲ 第二步：给孩子一个适龄的解释。

家长根据孩子的年龄和理解能力，提供简单、清晰的解释。

3—5 岁："你是从妈妈的肚子里出生的，就像小种子在土壤里慢慢长大。"

6—8 岁："爸爸的精子和妈妈的卵子结合后，你就在妈妈的肚子里慢慢成长，等长大了就出生了。"

9 岁以上："人的生命开始于受精卵，之后会在妈妈的子宫里慢慢成长，等到足够大就会出生。"

▲ 第三步：亲子互动，通过自然或绘本将生命起源具象化。

可以用自然现象作类比：种一株番茄或者草莓，跟孩子一起观察植物从种子长成果实的过程，帮助孩子理解生命是成长，而不是神秘化。

与孩子一起阅读一些关于生命起源的适龄绘本，帮助孩子自然地理解生命的起源，而不是让他们自己通过网络或同伴获取可能错误的信息。

养育关键词　满足好奇心

孩子在 3—6 岁时开始对身体功能和生命来源产生自然兴趣，这种好奇心是儿童认知发展的自然表现。在孩子成长过程中，提出"我从哪里来"这样的问题时，我们应该感到欣喜，因为这样的提问是孩子探索世界的一部分，家长的态度会影响孩子是否能用健康的方式理解身体和生育过程。与其采用一些错误的方式，如回避问题："等你长大了再说"，或是开玩笑："你是从垃圾桶捡来的"，不如根据孩子的年龄，用简单、科学的语言解答他的问题，以积极、开放的态度回应孩子的性别疑问，使用适龄语言解答孩子的问题，避免回避或错误引导。

小贴士

　　直面孩子探索世界的提问，满足孩子的好奇，建立健康的认知，这是陪伴其成长过程中非常重要的一环。

如何对问题多多的好奇宝宝进行性教育？

场景重现　问题多多的好奇宝宝

每天下班回到家，一看到女儿的笑脸，我的疲惫就一扫而空。可是她最近的好奇心特别强，总是有一堆问题来问我，比如昨天她问我："妈妈，为什么爸爸有胡须呀？""妈妈，为什么男生和女生的厕所不一样呀？"今天开始问我："妈妈，我是从哪儿来的呀？"

这连环发问让我压力好大，不禁开始担心：她这么多问题是正常的吗？我该怎么回答她比较好？回答得不好会不会影响她的心理健康？有没有什么好的方法可以学习？

心理视角　儿童性心理发展

儿童性别角色的发展是个体不断理解和获得性别角色标准的过程，是在社会和成人的要求和期望下逐渐发展起来。具体包括三个阶段：第一阶段，性别角色的萌芽及基本形成阶段。2—3岁开始发展，3—4岁性别角色选择，以理解符合自己性别的行为特征，约6岁基本形成性别角色的概念。第二阶段，儿童期性别角色扩大和发展，向着成年人靠近。第三阶段，青春期性别角色重新形成。

　　儿童心理的发展过程告诉我们，性教育采用拔苗助长和漠视忽略都是有害的，顺应发展规律适时教育才是可取的。首先需要提醒家长的是，儿童的许多活动是出于单纯的游戏冲动和对知识的渴望，比如儿童想知道自己从哪里来，不是因为其有了性的自觉或性的意识，而是知识生活的进展；对于身体形态不同的发问，也一样出于天真和好奇，可以给予简单和合理的满足。其次在进行性教育的时候，应在自然亲密的氛围中进行，父母需随机应变，根据儿童的年龄和好奇程度做简单和坦白的回答，同时保持情绪稳定，不应当流露厌恶或鄙薄的神色，正常化是基调。

家长工具箱　分阶段分策略的性教育

　　· 在 0—5 岁时，家长可以借助洗澡的时间教孩子认识身体部位，使用科学名称（如乳房），让孩子明白这些器官和眼睛一样自然，但这些部位和话题具有隐私性，告诉孩子"内衣覆盖的部位不能让别人碰触"。

　　· 在 6—11 岁时，家长可以借助绘本或动画片帮助孩子了解青春期的变化，消除恐惧。加强网络安全，教孩子保护隐私，不随意在网络上发布照片。通过游戏或情境模拟的方式，识别"好碰触和坏碰触"，帮助孩子识别哪些是友好的接触，哪些行为是不安全的，以及如何拒绝不舒服的行为。

　　· 在 12—18 岁时，家长需要避免说教，更多采取倾听和开放式对话的方式，了解孩子对性的理解和认识，避免只强调

"禁止"，而是讨论责任和后果，引导孩子用批判性思维看问题，探讨健康关系的特征（如尊重和自愿）以及如何应对同伴压力。

· 在 18 岁之后，家长需要让孩子明确性行为中的自愿和尊重，定期体检并了解性传播疾病的防护，理解不同性取向、性别认同，学习如何向下一代科学传递性教育。

养育关键词 性心理

尊重孩子的性心理发展规律是首当其冲的，家长在教育孩子的过程中，要时刻关注孩子所处年龄阶段对应的心理特点，保持自身情绪稳定和客观中立的态度，适当借助游戏、绘本和纪录片等工具来帮助孩子持续发展，形成健康的身体认知、人际关系和决策能力。

小贴士

性教育的核心是不呵斥和回避性问题，要保持持续开放的对话环境，为孩子提供安全的港湾。

当儿子喜欢上了粉色的布娃娃

场景重现 "错位"的兴趣爱好

5岁的儿子幼儿园放学回家，非常生气地跟我说："爸爸！为什么他们说我像女孩子?!"我的心里开始七上八下：平时在家里，他就不喜欢小汽车和机器人，老是要给布娃娃挑选粉色的衣服和鞋子，怎么劝也没啥用，他做这些事的时候还挺开心的呢！大概率他今天在幼儿园也这样做了，所以被人嘲笑了。如果他一直这样，会不会长大以后变成娘娘腔？那岂不是要被人嘲笑一辈子？我该怎么做让他变得更男子气？当他被嘲笑的时候，我要怎么做才能保护他？

心理视角 性别角色刻板印象

性别角色刻板印象是指人们对男性或女性在行为、人格特征等方面的期望、要求和一般看法的固定印象，在此基础上，人们认为男性应该怎么样，女性应该怎么样，这是一种普遍的社会现象。这种刻板印象产生的偏见会限制个人发展、强化社会不平等和导致歧视。

孩子的兴趣受个人性格和环境影响，而不是固定的性别规范。比如活跃型孩子更喜欢运动类、汽车等动态玩具，安静型孩子倾向于拼图、画画和娃娃等静态活动。家庭与教育环境也影响着孩子的选择，比如妈妈做饭，爸爸修电脑会强化孩子的性别刻板印象。最后，社会文化也会塑造孩子的颜色偏好和玩具选择。

家长工具箱 **如何应对"错位"的兴趣爱好？**

· 不要着急否定孩子所谓"错位"的兴趣爱好，而是先反思自身是否存在性别角色刻板印象，学习接纳孩子身上呈现的与社会文化有差异的部分，多了解和接触多元化群体，通过真实的互动打破自己固有的认知。

· 为孩子提供多样化的选择，看到该选择的积极意义，比如男孩玩娃娃，可以培养他的照顾能力；女孩玩积木，可以培养她的空间思维，避免标签化"这是女孩子/男孩子才玩的玩具！"而是说"你可以选择任何你喜欢的"。

· 减少性别刻板印象对孩子的负面影响，给孩子看不同性别从事各种职业的故事，不对性别进行标签化，比如"男孩应该喜欢蓝色和汽车""女孩应该喜欢粉色和娃娃"，而是鼓励孩子自由探索兴趣爱好。多观察少干预，孩子的兴趣会自然变化，强制改变可能造成逆反或自卑。

· 为孩子示范如何恰当应对外界的负面评价，如果有亲戚或朋友批评孩子的"错位"兴趣，家长可以温和地回应："每个孩子的喜好不一样，他喜欢这些很正常。"也可以教给孩子如何应对同学的嘲笑："我不喜欢你这样说我，男孩子也

可以喜欢娃娃。"家长要向孩子传递多元性别观，让他知道
"喜欢粉色和布娃娃并不影响我是一个男孩"。

养育关键词 **性别角色刻板印象**

性别角色刻板印象是人们对性别角色认知的固定印象，受
社会文化的影响和家庭教育的强化，因此它不是一成不变而是
随着时代的发展而变化。这就需要家长保持开放和接纳的态度
来养育孩子，一旦孩子出现和性别角色不相符的兴趣爱好，家
长要保持冷静，先打破自身的认知偏见，为孩子提供多样化的
选择，尽可能减少性别角色刻板印象对孩子的负面影响，教会
孩子恰当应对外界的负面评价。

小贴士

喜欢粉色也可以很勇敢，玩娃娃也能很
男子气！孩子需要的是被理解与支持，而不
是被"纠正"。

撞见爸妈性福时刻的小孩

场景重现 比一世纪还长的一分钟

今晚的月光很好，就好像我们第一次相遇的那个晚上，丈夫似乎也感应到了我的心声，转身深情地看着我，于是在月光的助力下，我们渐入佳境。

突然门被打开，传来一个迷迷糊糊的声音："妈妈，你们在干吗？"原来是 5 岁的女儿半夜醒来！我的天啊！有那么一瞬间，我僵住了！大脑飞快运转：怎么办？怎么办？回过神的丈夫迅速穿好衣服，抱着女儿出去了，剩下我一边感到尴尬，一边紧张思考，我该怎么向她解释？

心理视角 儿童性认知

从儿童认知发展理论的视角看，孩子对性和亲密行为的理解能力会随着年龄和认知的发展而变化，大致分为四个阶段：

（1）感知运动阶段（0—2 岁）：通过感官和动作探索世界，对性和亲密行为没有概念。

（2）前运算阶段（3—6 岁）：以自我为中心，难以理解他人的视角，可能将父母的亲密行为理解为"爸爸妈妈在打架"。

（3）具体运算阶段（7—11岁）：具有逻辑思维萌芽，能理解"隐私"概念；对规则敏感，可以接受家庭界限的解释；具有初步道德判断，开始区分公开行为和私人行为。

（4）形式运算阶段（12岁+）：抽象思维成熟，能理解性行为的生理和情感意义；道德推理深化，开始思考亲密关系中的责任和尊重；青春期性意识萌发，关注自身性发育。

家长工具箱 **如何化尴尬为引导**

• 错误案例

▲ 训斥孩子：在被孩子撞见的那一刻，很多人会出现应激反应，紧张、心跳加快、产生隐私被破坏的不适感，这是一种正常反应，关键在于急于摆脱负面情绪的人很容易付诸行动，比如指责孩子："你怎么进来了？你不该进来！"让孩子觉得自己犯错并产生羞耻感。

▲ 回避和欺骗孩子：回避话题和欺骗容易激发孩子的好奇心，导致孩子从不恰当的途径获取错误的性知识，影响孩子的心理健康。

• 高情商沟通

▲ 第一步：调整情绪并保持冷静。

避免表现出慌张或羞愧，立即停止亲密行为，穿好衣服，用平静的口吻询问孩子的感受："你是不是吓了一跳？""你看到了什么？"让孩子体验到安全并能够表达自己的疑惑。

▲ 第二步：根据孩子的年龄进行相应的解释。

对于 3 岁以下的孩子不需要过多细节的解释，他们很容易忘记，可用"无害化"的解释转移注意力，比如："爸爸妈妈在玩游戏"；面对 3—6 岁的孩子可以用他们能理解的概念进行解释，比如："爸爸妈妈很相爱，所以我们会这样抱抱和亲亲，这是大人表达爱的方法"；当孩子到了 7 岁以上时，家长在坦诚的同时保持界限，指导孩子接受规则，根据孩子的反应适当进行性教育。

▲ 第三步：持续观察与跟进教育。

家长需留意孩子的行为，如果孩子反复模仿或焦虑，可能是并没有完全理解父母的话，需要耐心澄清。同时可以根据年龄逐步进行性教育。

养育关键词 儿童性认知

儿童的认知处于发展阶段，需要家长因势利导，在与孩子沟通的过程中，让孩子感受到亲密行为是爱的表达方式而不是羞耻的事情，根据孩子的认知特点进行适当的引导，保持平常心，越平常，孩子越容易接受。

小贴士

孩子不同年龄阶段的性心理需求不同，避免过度刺激或压抑。

如何教女儿应对被表哥"检查身体"?

场景重现 | 被表哥"检查身体"的女儿

在老家度假回来的女儿总是闷闷不乐，注意力也不集中，经常走神，不肯洗澡。朋友提醒我，是不是孩子在老家遇到了不好的事情，让我好好问一下孩子。于是，我趁着她心情还不错的时候，轻轻问她："宝贝，如果有人对你做了一些奇怪的事情，还让你对爸爸妈妈保密，你一定要告诉我们，爸爸妈妈才是爱你和保护你的人"。女儿迟疑了片刻，轻轻说："妈妈，表哥说给我检查身体，是为我好。"我的脑子瞬间"嗡"地一下，天旋地转，接下来我该怎么确定这是不是儿童性侵害？如何把握尺度才能不给女儿带来二次伤害？

心理视角 | 儿童性侵害的心理支持

儿童性侵害是一个极其敏感和严重的问题，需要家长、学校和社会共同建立预防、识别和应对机制，处理不当会给孩子带来终身伤害。

· 预防：从孩子 3 岁起应着手进行身体主权意识的教育，强调孩子的身体除了医生（有父母家人陪同的情况下）和父母可以帮助清洁和检查，没有人可以随便碰触。除此之外，家长还要做好环境防范，警惕与孩子单独接触的成年人，避免孤立的情境，让孩子与外人独处一室。

·识别：注意孩子可能遭遇性侵害的迹象，从身体信号（生殖器/肛门红肿疼痛，尿路感染）、行为信号（突然恐惧独处、拒绝洗澡、模仿性动作、出现退化行为和学习成绩下降、注意力涣散等）和情绪信号（莫名的恐惧、自残、抑郁和攻击性增强）加以识别，但也要注意不要草木皆兵，如果怀疑孩子被性侵害，应借助儿童心理医生的专业帮助，进行综合评估。

·应对：冷静应对，保持开放的沟通环境，让孩子感到自己是安全的，保护侵害证据并报警，同时让孩子及时接受心理干预。

家长
工具箱   如何为孩子提供心理支持而不是二次伤害？

● 错误案例

▲ 批评指责："你为什么当时不拒绝？"

儿童因年龄小，不理解大人的行为和动机，尤其当侵害人是熟悉的亲属或老师时，孩子出于对他们的信任而放松警惕，等到自己感觉到不舒服时，往往事情已经发生了。这时候的批评和指责只会加深他们的不安全感，带来二次伤害。

▲ 漠视忽略："不要胡说八道，不要紧的！"

家长否认孩子的感受和被侵害的事实，会加重他们的羞耻感，认为被侵害是自己的错，成年后容易出现自我价值感低、人际关系不良等长期影响。

- **高情商沟通**

▲ 肯定孩子的勇气："谢谢你告诉妈妈，你很勇敢，爸爸妈妈会保护你"。

▲ 消除自责："发生这样的事情不是你的错"。

▲ 不回避话题，根据孩子的需求讨论："你最近还会想起那件事吗？我们一起想办法让你感到安全。"

- **专业治疗**

创伤聚焦认知行为疗法可以帮助孩子处理负面记忆，绘画/沙盘治疗可以帮助语言表达能力有限的儿童。

养育关键词　心理支持

儿童性侵害处理不当将发展成创伤后应激障碍，出现长期的情绪、认知和行为问题。家庭是孩子成长的安全港湾，父母作为孩子的保护者，在危机出现时，应尽可能消除事件的负面影响，借助社会资源帮助孩子渡过难关，实现自我成长。

小贴士

早期干预可以有效改善症状，请记得"创伤不是你的错，但康复是你的权利"。通过综合干预，大多数受侵害的儿童可以恢复对生活的控制感，甚至发展出创伤后成长，如变得更有同理心或感受到人生的意义。

喜欢抱抱和亲亲的小孩，怎么建立身体界限感？

场景重现 喜欢抱抱和亲亲的小孩

　　周末我带着 5 岁的女儿去参加朋友家小孩的生日聚会，穿着漂亮裙子的女儿很开心，像只小蝴蝶一样跑来跑去，看到陌生人也会扑上去要抱抱和亲亲，大人们摸她的头、捏她的脸，她也很开心，丝毫不怕生。我一方面觉得她很活泼，招人喜欢，一方面感觉隐隐的不安，"她似乎很没有防备心，倘若遇到居心不良的人后果就不堪设想了。"

心理视角 儿童社交认知发展

　　儿童对个人空间和社交边界的理解是一个渐进的过程，涉及认知发展、社会经验和文化规范等多个因素交互作用。

　　塞尔曼认为儿童在 3—6 岁时仅能从自身角度理解问题，比如他们认为："我喜欢抱抱，那么你也喜欢"；6—9 岁时儿童开始意识到别人也可能有不一样的感受；10 岁以上的孩子可以综合考虑社会规范，比如公共场合不能大声说话等。

　　家庭作为孩子锻炼社交能力的第一场所，不仅需要父母根据孩子年龄的认知特点进行教育，还需要根据社会环境发生的具体事件具体分析，及时修正和补充教育。

家长工具箱 如何帮助孩子建立身体界限感？

- **掌握不同年龄阶段的心理发展规律，适时引导**

婴儿期（0—2岁）时，孩子通过触摸探索他人的反应，此时家长可以轻轻握住孩子的手，引导他学习用温柔的方式进行肢体接触，当婴儿表达拒绝时，家长应尊重婴儿的反应；幼儿期（2—5岁）时，家长可用具体的指令帮助孩子尊重边界，比如告诉孩子"如果你想要抱朋友，要先问他可不可以"；儿童期（6—11岁）时，家长可以通过讨论复杂的社会场景，来帮助孩子理解隐私和直面同伴的反馈并调整自己的行为；青春期（12+岁）时，家长可以跟孩子探讨亲密关系中的边界问题。

- **在日常生活中润物细无声地完成教育**

父母需以身作则，做好尊重示范，当父母提出要求时，自己先遵守规则，比如进孩子的房间先敲门；根据年龄水平制定具体的规则和界限，比如洗澡时要关门；通过游戏或绘本的方式告诉孩子身体的哪些部位是隐私，不可以碰触，哪些是需要询问对方同意后才能接触，哪些是家人和朋友之间合理的接触方式。

当孩子不希望别人碰触时，要能勇敢表达拒绝，"我不喜欢这样，请你停下来"，而不是为了成为"好孩子"而忍受对方的不恰当行为；家长可以通过角色扮演的方式来帮助孩子练习应对越界行为，确立孩子的自信心。

养育关键词 **身体界限感**

儿童对身体界限的感知不是一蹴而就，而是在日常生活中，在与家长和环境的互动中逐渐被塑造。家长需要不断跟随孩子成长的脚步，调整自己与孩子沟通的方式，或者通过游戏，或者通过绘本，或者通过坦诚的交流，引导孩子逐步建立健康的个人空间意识，为成年后的社交能力奠定基础。此外家长还要保持警惕心和耐心，以身作则，对孩子提出要求时，自己先树立遵守的榜样。

小贴士

尊重和保护自己的身体界限不是冷漠无礼地一味拒绝，而是教给孩子：我有权决定身体哪些地方是可以被碰触的。

我怎么流血了：
青春期女孩的秘密

场景重现 惊慌失措的女孩

上午 10 点多，电话那边 12 岁的女儿带着哭腔说："妈妈，我流血了，我的裤子也搞脏了。"我立刻意识到女儿来了第一次月经。在给女儿做好基本的保健后，女儿害怕又疑惑地问我："妈妈，我是不是生病了？我为什么会流血？"我既欣慰又焦急，"要怎么告诉她这是一件正常的事？需要教她哪些关于生理、卫生和情绪管理的知识？"

心理视角 月经初潮与身体意象

根据埃里克森的心理社会发展理论，青春期（12—18 岁）是孩子建立自我认同的关键阶段。这一阶段的核心任务是解决"自我认同"与"角色混乱"的冲突。青春期的孩子开始探索"我是谁""我在社会中的角色是什么"等问题，而身体的变化（如月经初潮）是这一过程中不可忽视的一部分。对于女孩来说，月经初潮是一个重要的生理和心理事件。它不仅是身体成熟的标志，也可能引发一系列情绪反应，如焦虑、困惑、羞耻或自豪。

（家长工具箱）面对女儿"月经初潮"，我们能做什么？

● 错误案例

▲ 轻描淡写，忽视孩子的感受："这很正常，别大惊小怪的"。

这种表达可能会让孩子觉得自己的感受被忽视，从而感到孤独或不被理解。

▲ 传递羞耻感："女孩天生就是麻烦""男孩多轻松，不用经历这些"。

孩子可能会对女性身份产生负面认知，认为女性天生不如男性，可能会对性别角色产生困惑，影响性别认同的发展。

▲ 简单回应，缺乏实际指导。

家长只告诉孩子"这是正常的"，但没有教她如何处理月经。

这样缺乏实际指导的回应，可能会让孩子感到无助，不知道如何应对月经，手忙脚乱。

● 高情商回应

▲ 传递积极态度。

"宝贝，恭喜你，长大了，这说明你正在成长，这是每个女孩都会经历的事情，不用害怕。"

首先安抚孩子对月经初潮的担心和恐惧，让孩子感到被理解，孩子会更容易接受这一身体上的变化，并将其视为自我认同的一部分。

▲ 提供科学的解释。

——"生理周期科普"：告诉孩子月经的基本知识，如"为什么会来月经""月经周期的平均长度""如何计算安全期"等。

——解释月经的生理意义："这是你身体成熟的标志""月经是女性健康的一部分"等，帮助她们理解这是正常的身体变化。

——月经与情绪波动的关系：月经周期中的激素波动可能导致情绪不稳定，如易怒、焦虑或低落。家长需要帮助孩子认识和理解这些情绪变化是正常的。

▲ 给予实际的指导。

让孩子学会照顾自己的身体。首先，学会正确使用卫生产品；其次，也要培养孩子一些健康习惯，在生理期的注意事项，处理痛经，保持个人卫生等。此外，跟孩子分享一些经期情绪管理技巧：如深呼吸、分散注意力、写日记、与朋友倾诉等。

养育
关键词 **女孩成长的里程碑**

青春期的女孩面临身体变化和自我认同建立的双重挑战，家长的支持和引导至关重要。月经初潮是女孩成长过程中的一个重要里程碑，是女孩成长的重要标志，标志着她们从童年迈向青春期。

249

　　家长要传递积极、正面的态度，安抚孩子惊慌、紧张的情绪，给予科学的解释，进行生理周期科普，解释月经的意义，认识理解月经周期中的情绪变化，同时也要提供一些有实际意义的指导，如使用卫生产品、培养健康习惯等。家长通过积极引导能帮助孩子建立自信和身体认同，顺利渡过这一阶段，建立积极的自我认同和自尊心。

小贴士

　　与其告诉孩子"这很麻烦"，不如告诉她"这说明你正在成长，这是很棒的事情"。

男孩发育期间的
尴尬事：变声

场景
重现 **变沉默的孩子**

我儿子 14 岁，最近一个月我发现他有点变化，好像开始变声了，我心里暗自猜测跟他开始发育有关。但奇怪的是，儿子回家话越来越少，声音也越来越低，只能用简单"嗯，哦"来回答我们，笑声也不像以前那样爽朗。我跟他谈了谈，他说他也发现自己的声音变得沙哑，像鸭子一样，有时甚至会在课堂上突然"破音"，引来同学的哄笑，为此他感到非常尴尬，就开始减少说话，甚至避免说话，"能不说就不说"，也不想参加学校的活动。

我既心疼又担心，不知道该怎么安慰孩子，我要怎么样做，才能让他接受自己的生理变化，而不会因为变声而感到尴尬呢？

心理
视角 **身体羞耻与自尊**

根据戴维·埃尔金德的青春期自我意识发展理论，青少年在青春期会经历"假想观众"和"个人神话"两种心理现象。假想观众指的是青少年认为周围的人都在关注和评价自己，而个人神话则是指他们觉得自己是独一无二的，甚至是不受常规限制的。

在变声期，男孩的声音会变得不稳定，时而低沉，时而尖锐，这种变化容易引起他人的注意。由于假想观众的心理作用，青少年会格外在意他人的反应，担心自己的声音被嘲笑或批评。这种对外界评价的敏感可能导致社交焦虑，表现为害怕在公共场合说话、回避社交活动，甚至产生自卑感。

此外，青春期的孩子正处于自尊建立的关键阶段。如果他们对身体变化感到困惑或羞耻，可能会影响自尊心的形成。家长的支持和引导在这一过程中尤为重要，可以帮助孩子逐步接受自己的成长变化，而不是因外界的反应而感到困扰。

家长工具箱 如何让男孩顺利度过"尴尬期"？

● 错误案例

▲ 嘲笑/贬低："哈哈哈哈，好搞笑"或"你的声音怎么跟鸭子一样？"

这种表达可能传递给孩子羞耻感，认为自己的身体变化是可笑的，此外孩子可能会对家长失去信任，不再愿意分享自己的感受。

▲ 忽视孩子的感受："别在意，过几年就好了"或"没什么大不了的，别在意"。

敷衍的回答会让孩子觉得自己的感受被忽视，从而感到孤独或不被理解，孩子可能认为自己的问题不值得关注，导致情感压抑，更加尴尬、自卑、敏感。

● 高情商沟通

▲ 第一步：情感支持。

"宝贝，这段时间你的声音确实有些变化，我跟妈妈也都发现了，你是不是有点担心？"

首先，用这样的话语让孩子感受到被理解和关爱，先肯定孩子的感受是正常的，避免孩子对此出现错误的认知。

▲ 第二步：科学解释。

"为什么你声音跟小时候不太一样了呢？这是因为你的声音在成长，你正在变成一个小伙子，这是每个男生都会经历的阶段，你爸爸我以前也经历过的。"

要向孩子解释变声的生理意义，帮助孩子理解这是正常的成长过程，让孩子认同自己的变化。

▲ 第三步：趣味化解尴尬。

——家长可以为孩子准备不同年龄段的音乐，分别包括儿童歌手、成年歌手以及老年歌手，通过比较，让孩子直观地感受不同年龄段嗓音的变化，告诉孩子"你看，不同年龄段的声音是不一样的，声音也会有变化的"。

——告诉孩子，"你现在也正处在这个变化中，要耐心等待，你的声音会慢慢变得更有魅力。如果你觉得不舒服，我们可以一起想办法"。

——社交技巧：教孩子一些应对社交尴尬的技巧，比如如何幽默地化解他人的玩笑，或者如何自信地表达自己。例如，可以说："如果有人笑你，你可以笑着说'我正在变成超级英雄的声音呢！'或是'我正在解锁新版本的自己'。"

养育
关键词　焦虑和自尊

变声期是男孩成长过程中的一个重要阶段，家长的积极引导和支持在这一过程中至关重要。对于这一身体上的变化，男孩子可能会格外在意他人的反应而出现焦虑，也会担心自己的声音被嘲笑或批评而出现尴尬自卑。

家长的支持和引导在这一过程中尤为重要，可以帮助孩子逐步接受自己的成长变化。家长需要用正向的语言和积极的方法帮助孩子接受自己的成长，减轻因"声音变化"而感到尴尬或羞耻。家长要帮助孩子建立健康的身体认知和自信心，鼓励其以自信和健康的态度面对青春期的变化，为未来的成长奠定坚实基础。

小贴士

与其告诉孩子"别在意"，不如告诉他"这说明你正在变得更成熟，这是一件很酷的事"。

死亡也是可以被讨论的

场景重现 对死亡充满好奇的孩子

我儿子7岁,上二年级了。最近,他好像对"死"很关注,总是会问我:"妈妈,人死了会是什么样的?""人死了是不是就不用上学了?""死了是不是就不怕疼了?"我顺口就说:"是呀,死了就啥也不用做了!"有一天,我突然发现他站在窗口,望着外面出神,我想起他这几天说的话,心头一紧,赶紧把他拉回来,问他:"你在干什么?"孩子淡淡地说:"我在想,跳下去会发生什么?"我顿时紧张起来,很害怕,这么小的孩子,他应该开开心心的,怎么会有这么危险的想法?他只是对死亡的好奇,还是真有那样的想法?到底怎么了?

心理视角 儿童对死亡的理解

1948年,匈牙利心理学家玛利亚·纳吉(Maria Nagy)发表了孩子关于死亡的理论,提出儿童对死亡的理解分为三个阶段:

第一阶段(3—5岁):认为死亡只是暂时的而且是可以逆转的,死者会回来,会像活着的时候一样进行各种活动;

第二阶段（5—8 岁）：了解到死亡是生命的永久性结束，但只发生在年长者身上，而且不认为死亡是不可避免的，也不会把自己和死亡联系在一起；

第三阶段（9—10 岁）：了解到每个人都不免一死，包括他自己。

家长
工具箱　**如何应对孩子谈论死亡？**

● **错误案例**

武断制止："你不要说这种话，很晦气！"

父母担心与孩子谈论死亡会加剧他们的恐惧，常常会这样回应孩子，然而这样会让孩子觉得自己说了不该说的话，想要与家长沟通的心立刻闭合，内心的痛苦不敢向父母表达。

● **高情商沟通**

▲ 耐心倾听："你最近是不是在思考生命和死亡的问题？你能告诉我你在想什么吗？"

让孩子感受到有任何的困惑都能与父母沟通，可以平静地与父母表达对死亡的理解与看法。父母可以趁此机会，给孩子进行生命教育，通过自然现象，如树叶凋零、小动物的生命循环等，让孩子理解死亡的自然属性，而不是神秘化或禁忌化。

值得注意的是，当儿童青少年经历焦虑、害怕或情绪低落时，会试图通过谈论死亡来理解自己的感觉，此时，需要关注"自杀预警信号"：① 情绪：表现出持续而明显的负性情绪，情绪低落，冷漠，内疚、自责，焦虑，易激惹，无助感、无望感、无价值感；② 行为：容易哭泣，睡眠问题，谈论死亡，有自伤行为，不爱与人交往，学习成绩下降，无精打采，兴趣减退等。家长需要识别，并在必要时寻求专业精神科医生或心理咨询师评估与帮助。

▲ 有效的情绪表达策略：① 提供安全的环境：父母耐心的倾听，尊重的态度，温柔的语气，都是安全环境的保障；② 帮助孩子使用情绪词语：允许孩子表达积极与负面的情绪，教给孩子各种情绪相关的词语表达自己的感受；③ 提供情绪表达的媒介：当孩子不会用语言表达情绪时，可以通过情绪媒介来表达，如情绪温度计，可以让孩子将不同的情绪感受用不同的温度数值来表示，使情绪更加直观。

养育关键词 死亡认知

父母真诚地与孩子谈论死亡，认真倾听孩子的表达，接纳孩子的感受，让孩子感受理解与尊重，有助于父母与孩子之间情感的交流。同时父母帮助他们体会生命的意义，敬畏生命，珍爱生命，纠正他们一些错误的观念，进一步帮助他们理解死亡。

如果孩子有任何自伤或危险行为的信号，父母必须严肃对待，给予足够的关注，真诚地倾听孩子的感受，为孩子建立安全、放松、支持的环境，教孩子表达情绪，并允许孩子表达负面情绪，而不是用伤害性行为表达。

小贴士

如果孩子表达负面情绪，与其说"别想这些"，不如说"如果你有难过的事，可以告诉我，我愿意听"。

与爱宠告别：允许哀伤

爱宠离去

女儿上小学的时候，我们养了一只小狗，女儿给它起名叫"点点"。女儿很喜欢它，成天要抱着它睡觉。最近，点点生病了，在有天女儿上学的时候，她心爱的点点去世了。接女儿放学回来的路上，我们把这个消息告诉了她。她顿时泪流满面，哭着跑回家要看点点。我们带着她一起，把点点火化了，也埋葬了。但从此以后，她就总是闷闷不乐，常常抱着点点喜欢的玩具，久久不愿松手，不吃不喝，常常一个人在房间里不说话。我们很心疼她，怎么办呢？是告诉她："点点去了更好的地方"？还是告诉她："我们再给你买一个跟点点一样的狗狗"？怎样才能让孩子重新开心起来呢？

如何面对"离去"？

在人的一生中，丧失是必不可少的一部分，我们一直在经历失去，可能是我们喜欢的物品，可能是喜欢的宠物，可能是所爱的亲人，但同时我们也会获得一些东西。对于孩子来说，他们最早面对的可能就是宠物的离去。我们对丧失的反应是哀痛，这是一种强烈的身体上和心理上的痛苦。1969年，美国精神科医生库伯勒·罗斯（Kubler-Ross）在《论死亡和濒临死亡》一书中，提出了人类面对死亡时的"哀伤五阶段论"，即否认、愤怒、讨价还价、抑郁和接受。当刚听到消息时，会不愿意相信事实，之后会体验强烈的情感反应，觉得不公平，生气、抗拒、愤怒，再到讨价还价，希望与残酷的事实做交涉，"如果我乖一点，它就不会生病了吧?"之后会进入抑郁阶段，儿童会表现出焦虑、悲伤，经常哭泣，在学校里上课不能集中注意力，还会有失眠、头痛等躯体症状。当希望重聚的愿望多次破裂后，儿童发现死亡不可避免，逐渐接受现实，适应新的生活，展望未来。

家长工具箱　共情与陪伴

● **错误案例**

"它去了一个更好的地方，别伤心了。"

面对死亡，对于每个人来说都不是一件容易的事情。对父母如此，对孩子亦是如此。这种表达会让孩子压抑自己的感受，甚至为未来埋下抑郁的种子。

● **高情商沟通**

"我知道你很难过，因为你很爱它，它也很爱你。它的生命结束了，但你们一起度过的美好时光会永远留在你的心里。"

▲ 帮助儿童理解死亡，允许孩子经历完整的悲伤过程，

家长不应该催促孩子"快点走出来"，而是陪伴他度过这一阶段，让他知道"悲伤是正常的，不需要隐藏"。

▲ 可以让孩子知道，因为失去，他正在经历一个悲伤的过程，这需要一些时间，这个时间有长有短，但无论如何，父母都愿意跟他在一起。温柔地告诉孩子，你想帮助他，会陪伴他，即使他可能现在什么也不想说，但你会"待在那儿"，只要他想说，你都在，都能耐心倾听。哀痛的过程可能会有愤怒、悲伤、无助、睡不着等等，任何的反应，父母都会接纳。

▲ 跟孩子一起回顾过去的关系及经历，如与小宠物在一起时嬉笑打闹的生活，认识到再也不能像以前那样抱着它睡觉，但可以把与小宠物一起拍的照片拿出来回忆，可以把玩小宠物玩过的玩具，回忆它玩玩具的样子，这些都使孩子与小宠物的关系永存。当孩子做好心理准备的时候，帮助孩子投入新的活动，可以一起出去郊游，看电影，重新生活。

▲ 有时，父母也会与孩子共同经历哀伤的过程，此时，父母想要帮助孩子的话，必须先要面对自己的哀伤。如果父母否认自己的失去，也会让孩子纠结，尽管他们很渴望得到父母的安慰与保护，但可能反而要去照顾父母。有时父母可能也会表现极度悲伤或失控的样子，真诚地告诉孩子，与孩子分享"在一起的时光"，让孩子知道这是一个能够表达、允许哀伤的事件。

养育
关键词　尊重"哀伤"

失去是成长中一个永恒的主题，可能是逝去，也可能是离开，而一旦建立情感联结后，哀伤是失去必不可少的反应，因此哀伤需要被承认和表达。允许孩子因为宠物的去世哀伤，也允许孩子因为玩具熊哀伤，因为穿不进去小了的漂亮裙子而哀伤。孩子表达哀伤的情绪不应被压抑，而是可以通过仪式、回忆和家长的支持逐步走出来，学会"再见"，才能迎接"新生"。

小贴士

与其说"不要伤心"，不如说"我知道你很想念它，我们可以一起回忆它带给我们的快乐时光"。

隐秘的角落

教室里坐不住的孩子

场景重现 上课走神，小动作多的孩子

昨天我被老师邀请谈话，老师说："您的孩子上课总是走神，注意力不集中，有时候还控制不住自己的小动作，周围有一点点的响声都会引起孩子的东张西望，我们怀疑他可能有ADHD，建议您带他去医院检查一下。"我听了一下子愣住了，不知道该不该相信老师的判断，同时也开始担心："他真的有ADHD吗？如果确诊了，该怎么办？如果没问题，会不会被贴上'问题学生'的标签？"

今天上班一整天都心神不宁，一直想着这件事，回家与爸爸商量后，我们决定到医院寻求专业指导。

心理视角 什么是 ADHD？

注意缺陷多动障碍（Attention Deficit and Hyperactive Disorder），简称 ADHD，是儿童常见的发育性问题，主要表现为：注意力不集中、多动和冲动。需要注意的是，这些症状必须在多个环境中（如学校、家庭、社交场合）持续存在，并且对孩子的日常生活和学习造成显著影响，才能被诊断为ADHD。并不是所有注意力不集中或过度活跃的孩子都患有

ADHD。儿童的专注力发展存在个体差异，有的孩子发育较慢，有的是学习风格与传统的课堂环境不匹配。有些孩子可能对视觉或动手学习更感兴趣。此外，孩子的情绪状态、睡眠质量、饮食习惯等也可能影响他们的专注力。因此，家长应通过观察、沟通和专业评估，结合孩子的整体表现进行综合判断。

家长工具箱 个性化养育，培育专注力

通过科学的观察和合理的干预，可以帮助孩子更好地应对ADHD 的挑战，也能让孩子在学习和生活中找到适合自己的方式。

· 第一步：家长可以先稳定好自己情绪，提升自己的养育技能。比如，运用"家庭观察记录"——家长可以在家里观察孩子的注意力情况，如做作业时是否也容易分心、有意识寻找孩子在什么状态下注意力更易专注。

· 第二步：与孩子一起讨论、一起寻找如何更专注的方法，引导他们用不同的方式学习。

一定记得，注意力如肌肉那样可以通过不断练习而逐渐强大，可以使用所有感官，通过有规律的训练，改善孩子注意力，从孩子擅长的、有兴趣的开始。这样做同时也改善了亲子关系。

· 第三步：家长与孩子一起玩数呼吸练习、进行倾听练习、正念饮食等等，在亲子游戏中，在互动中，渐渐实现注意力的提升。

例如：每天晚餐后，给每个人两分钟时间讲讲一天发生的事情，分享一个重要的体验，其他家庭成员则需不带批判地倾听彼此的发言。

养育关键词 **个性化养并培育专注力**

ADHD 的判断需要科学依据，家长不应盲目否认，也不必过度焦虑，要通过观察、沟通和专业评估做出合理决策，帮助孩子找到原因，更重要的是如何积极应对。如果只是课堂上有问题，家长需要与老师合作，调整课堂上的学习方式，先尝试调整学习策略，如分阶段学习、减少干扰等。家长在家仔细观察孩子，寻找孩子的擅长点，从孩子有兴趣的点着手，一点点培育。家长的肯定，情绪的稳定，养育中的耐心，有趣性，对孩子的信任，这些都是提升孩子专注力的滋养成分。

家长有意识地与孩子在互动、游戏中培育专注力的同时，也能够改善亲子关系。

小贴士

与其给孩子贴标签，不如引导他发现"自己擅长用不同的方式学习"。一定记得，在专业的指导下，注意力是可以像肌肉一样练出来的。

当孩子被抑郁困住

场景重现 "起不了床的孩子"

周一早上六点半，儿子拖着疲惫的身躯从房间走出，动作缓慢，依旧穿着睡衣，有气无力地讲："妈妈，可以向老师请假吗？头痛，头晕，而且作业也没有完成。"看着孩子无精打采的样子，我心疼又焦虑："好的好的，晚上没有睡好吧？"儿子患抑郁症已经一年多了，虽然已经在吃药，但状态依然时好时坏，什么事都提不起兴趣，不愿意运动，上学时去时不去，状态依然影响着正常的学习生活。

我深深吸了一口气，慢慢吐出来，告诉自己："慢慢来，先放松自己，照顾自己。孩子已经在康复路上了。"

心理视角 抑郁症康复阶段理论

抑郁症的康复并不是一个线性过程，而是呈波动式改善的。根据抑郁症康复阶段理论，孩子的抑郁症状可能不会立刻消失，而是会经历反复的起伏。有时候孩子可能会感觉好一些，但随后又会出现情绪低落的情况。这种波动是正常的，家长不必因为孩子的状态时好时坏而感到绝望。

267

理解了康复过程，家长就不会因为孩子短期的波动而过度焦虑，会根据孩子的状态调整养育方式，减少对孩子的过高期望。

家长工具箱 如何沟通才能提升孩子能量？

家长与孩子沟通时，需要用温和、耐心的语气，避免指责、批评、命令，家长的表情、眼神、肢体动作等都会影响与孩子的交流效果。记住交流时候的比例。

$7\% + 38\% + 55\% = 100\%$

7%：纯粹的语言

38%：听觉传达，如讲话时的语调、声音的抑扬顿挫等

55%：视觉传达，如手势、表情、动作的幅度，衣服的颜色等

• 错误案例

"你怎么还是这样？药都吃了这么久了！"

这样的表达让孩子感受到无助与内疚。

• 高情商沟通

"孩子，妈妈知道你已经很努力了，今天你看起来确实很累，我会找老师请假，你先休息，然后我们一起聊聊，看看你遇到的困难，试试我们一起面对。"

这样的表达中，孩子感受到的是理解与支持。

与其问"你今天心情怎么样?"不如问"今天有没有什么让你觉得稍微好一点的事情?"或"我们一起做点什么吧,今天晚上月亮不错,一起出去走走。"

这种积极的提问、邀请,能够帮助孩子从小小的行动开始,看见生活中的小进步,从而增强他们的自信心和希望感。

养育
关键词 **家庭支持**

抑郁症的康复呈波动式改善,是一个长期的过程,家庭的支持在孩子的抑郁症康复过程中起着至关重要的作用。家长需要照顾好自己的情绪,保持耐心,接纳孩子的情绪波动。家长的耐心、接纳和鼓励可以为孩子提供稳定的心理安全感,帮助他们更好地应对抑郁的挑战。多陪伴,多倾听,有效沟通,尝试走进孩子的内心世界。建立深度联结,让孩子感受到爸爸妈妈是自己坚实的后盾。家长可以通过设定小目标来帮助孩子逐步恢复生活的动力。这些目标不仅容易实现,还能让孩子在完成时获得成就感,从而增强他们的自信心。家长还可以与学校合作,帮助孩子制定合理的学习计划,避免因为学习任务过重而导致情绪崩溃。通过调整学习节奏,孩子可以更好地平衡学习与康复的需求。

孩子的每一次病情波动,就是家长与孩子加深联结、一起合作、共同应对的好机会。

小贴士

　　只要家庭有爱，理解，支持，就一定能帮助孩子走出抑郁症的阴霾，重新找到生活的乐趣和动力。

不愿吃东西的青春期少女

场景重现　洗手间的呕吐声

　　最近女儿特别挑食，几乎不吃碳水类食物，菜也很少吃，常常每天就是一个苹果。眼看着二月来孩子的体重明显下降，孩子爸爸和我看在眼里，急在心中，商量着带孩子去一家自幼常常去、孩子很喜欢的餐厅，进餐时孩子挺开心，吃得比往常多，孩子去洗手间时，因为时间有点长，爸爸让我去看看。

　　眼前的一幕一下子把我镇住了，洗手间的女儿不停在催吐，霎那间我脑子一片空白，好久才缓过神来。我不禁反思："她为什么要这样做？是我平时对她的饮食要求太严格了吗？还是她在学校受到了压力？这是不是一种进食障碍？"

心理视角　自我价值与外貌

　　我们生活在一个"瘦即美"的信息时代，加上同伴之间相互比较，青少年，尤其是女孩受到了严重的影响，认为瘦才漂亮，才会被人喜欢。进食障碍已经是目前社会青少年面临的一种严重心理健康问题，外貌焦虑是许多进食障碍患者的核心体验。而家长的关注方式和语言表达会影响到孩子。理解了这些潜在原因，家长就不会简单归咎于"青春期叛逆"。

家长需要从家庭开始，多与孩子聊天，互动，倾听孩子，让孩子爱上自己，看见自己，尊重自己的感觉，逐步帮助孩子建立健康的饮食观念和健康观。

家长工具箱 非暴力沟通

· 选择合适时机：找一个孩子相对放松、没有进食压力的时间，确保有足够的隐私和不受打扰的环境。

· 使用"非批评性观察"：描述你观察到的具体行为，表达关心而非评判。例如："我注意到你最近饭后经常去洗手间很长时间，我有点担心你的身体。"

· 表达感受而非指责：使用"我"语句而非"你"语句。比如："我看到你瘦了很多，我感到担心。"

· 倾听而非说教：给孩子充分空间表达他们的感受和经历，即使你不同意或不理解。简单回应，如"我明白这对你很难""能多告诉我一些你的感受吗?"

· 避免关于体重或外貌的评论：将焦点放在整体健康和幸福感上。比如"我希望你感觉有活力和健康"，而非"你需要增重 X 公斤。"

· 提供支持而非控制：明确表示你是来帮助而非强迫的。"我在这里支持你，我们可以一起找到帮助你的方法"比"你必须改变你的饮食"更有效。

养育关键词 理解和支持

　　进食障碍的形成是多种因素复杂交互的结果。理解这些潜在原因会让家长更全面看待孩子的问题。在孩子的康复路上需要家长的支持、一路的陪伴，特别是与孩子沟通的方式，运用好非暴力沟通对孩子的恢复至关重要。沟通不是为"解决问题"或"说服孩子改变"的目的，而是要与孩子建立关系，看见、听见、信任、祝福孩子，让孩子感到被信任、理解、支持。家长要提供稳定的同在。康复的道路往往不平坦，会有进步也会有退步，家长的持续存在本身就是强大的治疗力量。

　　也许，一年后，三年后，七年后，家长回顾陪伴孩子渡过难关的过程，体验到的是孩子帮助家长自己成长的过程。

小贴士

　　家长不要为孩子的进食障碍而自责，可以调整家庭互动方式，利用各种专业资源为康复创造有利条件。一定记得：只有当我们自己的"氧气面罩"戴好时，才能更好地帮助孩子。

焦虑：种下习得性乐观的种子

场景重现 躲在厕所的孩子

周一的早上，爸爸已经下楼，备好车，等待孩子下楼送上学，但孩子看上去无精打采，早餐也吃不下，一直待在卫生间，迟迟未见出来。我控制不住推开门，问："孩子，你怎么了？是不是不舒服？"孩子低着头说："妈妈，我肚子不舒服，想解又解不出，头也难受，不想去学校……已经好几天了，在学校压力好大，课程太多，老师要求太严，一上课就紧张。而且也没有人讲话，好难受，好孤单，我也不知道怎么办。"看着孩子一直待在厕所的样子，我心疼又担忧："他是不是适应不了高中？还是心理上出了问题？我要如何帮他？"

心理视角 习得性无助

习得性无助是 1967 年由美国心理学家赛利格曼在研究动物时提出的概念，指的是个人经历了屡次挫折失败后，所产生的无能为力的心理状态和行为模式。高中阶段的学业压力往往比初中大得多，许多孩子可能会感到不堪重负。有些孩子在面对高要求时，会产生习得性无助，即他们觉得自己无论如何努力都无法达到老师或家长的期望，最终选择逃避。这种无助感会进一步加剧孩子的焦虑，甚至可能导致焦虑障碍。

孩子高中入学前，家长就可以开始帮助孩子为适应高中生活做准备。适应新环境是一个过程，孩子可能会经历一段时间的情绪波动。家长需要通过科学的引导、给予孩子足够的支持和理解、多倾听、多陪伴，让孩子逐步适应，找到属于自己的节奏和平衡。

家长工具箱 培育习得性乐观从沟通开始

● 错误案例

"你刚上高中就喊累，以后怎么办？"

这样的交流方式，会加大孩子压力，对将来更担心。

● 高情商沟通

"我知道高中确实比初中更累，妈妈也是这样过来的，你愿意跟我聊聊最让你难受的是什么吗？"

这样的表达方式可以帮助孩子表达他们的感受，而不是施加更多的压力。看见情绪背后的需要、困难，助力孩子一点点解决。

● 有效行动指南

▲ 帮助孩子设定一些小目标，逐步适应高中生活。

例如，家长可以建议孩子"先聚焦于适应课堂节奏，而不是所有科目都要立刻跟上"。

通过设定小而具体的目标，孩子可以逐步建立自信心，减少焦虑感。

▲ 帮助孩子找到适合他们的情绪宣泄方式，如运动、写日记、听音乐等。家长一起参与，可以帮助孩子缓解焦虑，同时也可增进亲子关系，增加生活趣味性。

养育关键词　习得性乐观

孩子在经历困难与挑战时产生的焦虑，并不一定意味着他们不够努力或能力不足。因此，家长不能一味地再给孩子施压，孩子需要的是家长提供有效的支持，家长首先要稳定好自己的情绪，保持耐心，理解孩子的情绪波动，采用高情商的沟通方式，帮助孩子表达他们的感受，看到孩子焦虑背后的困难。通过设定小而具体的目标，帮助孩子逐步适应，建立自信心。鼓励孩子在学校中建立一个支持系统，减少孤立感。家长的陪伴、倾听、支持会让孩子在面对困难与挑战时有力量、有韧性、有创造力，适应力随之增强。

生活中永远伴随着困难与挑战，也会伴随着焦虑和恐惧，然而每一次的突破就会让孩子产生"可以"的感觉，会让今后前行更有信心。孩子的一路前行需要家长的陪伴与看见。在这过程中，孩子也在不断培育习得性乐观的品质。

小贴士

　　如果孩子负面情绪加重，并有躯体不适，建议及时寻求专业心理咨询帮助。

当孩子在身体上留下印迹

场景重现 手臂上的伤痕

女儿上初中了，原来小小的她，已经跟我一样高了，但我们好像没有以前那么亲昵了。小时候，她常常扑到我身上，"妈妈，妈妈"地叫个不停，现在，她从学校里回来，常常在自己房间里，关着门不出来。

天暖和了，我给女儿买了一条裙子想让她试试，过去如果给她买了新衣服，她总是很高兴，这次她却并没有表现出往常的热情。我就伸手拉她，想帮她把外套脱了，猛然间看到她的胳膊上有细细的伤痕。她看我拉她，就使劲拽回自己的胳膊，我也使劲把她的袖子撸起来，发现整个手臂布满了新旧不一的伤痕，我问她："这是怎么回事？"她眼神躲闪，说："没什么。"我喊来她爸爸，想要一起问问她胳膊怎么了，她却大哭起来，并激动地说："你们不要管我！"看到女儿这样，我很着急，也很害怕，想知道她到底经历了什么，为什么要这样，我又该怎么办？

心理视角 非自杀性自伤行为

非自杀性自伤（Non-Suicidal Self-Injury, NSSI）是指在没

有自杀欲望的情况下故意破坏身体组织的行为，通常出现在青春期早期，例如：抓挠、切割、燃烧和其他不被社会接受的自残形式。当他们进行这些自我伤害行为时，可能希望从那些负性的感觉或想法中获得缓解，或希望解决人际困难。当他们遇到负面情绪时，情绪调节困难，或缺乏替代的情绪调节策略，又想回避负性情绪体验，就会无意识地选择自伤行为来调节情绪。有研究表明，不良的家庭环境、人际关系压力、学业压力等是影响青少年 NSSI 的主要社会文化因素，如家庭关系较差、不良的家庭教养方式、父母较少以语言或非语言方式表达情感、童年时期照顾者对孩子的忽视、父母对子女学习成绩和成就的过高期望、被误解、被歧视等。

家长工具箱 如何应对非自杀性自伤行为？

● 错误案例

▲ 故意说狠话："你是不想活了吗？有本事你再划深一点！"

这种表达会让孩子觉得父母不关心自己、不爱自己，加剧他们内心的难过，让他们觉得自己没有得到至亲的关注。

▲ 指责式批评："你怎么能这样？我们对你还不够好？你到底想干什么？"

这种表达会让孩子觉得自己做什么都是错的，父母不能理解自己，加重了对自己的负面评价，增加内疚感、自责感，进一步影响了亲子之间的沟通。

● 高情商沟通

▲ 第一步，共情孩子的感受："我发现你最近都不爱说话，是不是不开心？"

看到孩子的情绪，并温柔地告诉她，"坏情绪"也是可以被表达的。

▲ 第二步，表达对孩子的关心："我很关心你，想知道你碰到了什么困难，任何时候，你都可以跟我说，我愿意陪你一起面对。"

用实际行动让孩子知道父母的关心，站在孩子的立场来思考，让孩子知道父母想要帮助他，愿意陪伴他。

▲ 第三步，表明对孩子自伤行为的态度："我理解你的难受，但不赞成你用伤害自己的方式。我们一起找找看有没有其他的方法。""如果你需要我为你做些什么，请告诉我。"

这样既表明了家长对孩子情绪感受的理解，也表明了对自伤行为的态度，并且给孩子赋能，一起寻找有效的解决方案。此时，建议让孩子把自伤行为的工具交给父母，但可以给孩子一些替代方案，这些方法可能也能够表达情绪痛苦，但不会对身体造成伤害，如捏橡皮泥、用冷水冲手、冰敷、洗个冷水澡、写情绪日记、在家里建立情绪宣泄角（橡皮人、拳击手套）、高抬腿、开合跳、深呼吸放松训练等，还可以帮助孩子准备一个愉快活动清单，如：一起骑车郊游，泡个热水澡，听放松的音乐，去山上大声喊叫，一起看喜欢的动画片等。

养育关键词 自伤行为

孩子将自我伤害行为当作一种能缓解负面情绪的调节策略，用自伤引起的躯体疼痛来"转移"心理上的"疼痛"。孩子通过自我伤害行为寻找缓解情绪的方法，也可能是一种"呼救"的信号，此时家长的理解和支持比责备更重要。家长通过耐心地倾听孩子的感受，陪伴孩子面对困难，鼓励孩子寻求专业的心理帮助，尝试其他非自伤的情绪释放方式；调整家庭关系，改善亲子关系来给孩子营造安全、健康的家庭环境；同时家长自身压力应对及情绪管理能力的提高，也能给孩子一个榜样作用，让孩子知道情绪虽然会有起起伏伏，但可以用健康的方式进行调节。

大部分时候，自伤行为并不意味着孩子"想寻死"，但仍需要找专业人士评估有无自杀风险。

小贴士

当孩子拒绝沟通时，不要逼迫她立刻说出原因，而是让她知道"我随时都在这里，你可以随时找我"。

游戏成瘾：换种方式快乐

场景重现 玩游戏是唯一让孩子快乐的事情？

平时，我和他妈妈工作比较忙，很少能够管儿子。小学的时候，都是爷爷奶奶在一起帮我们照顾他。儿子上初中后，爷爷奶奶回老家了，我就给他配备了一个手机，好让他有事跟我们联系。自从有了手机以后，他使用手机的时间越来越长，但作业什么的还是能够按时完成，成绩也还可以，当时没有在意。寒假里，我下班回来，看到他也一直在玩手机游戏，一起吃饭的时候也心不在焉，晚上也很晚才睡，当时我想，寒假了，就让他放松一下，也没有多管。这学期开学以后，我发现不对了。他一回家第一件事就是拿手机玩游戏，一玩就几个小时，作业也拖到深夜才写，老师反映作业质量、平时测验都有不同程度的退步，我开始管控他的手机使用时间，告诉他平时只能使用半个小时，刚开始他是答应的，但他总是不能按时交还手机，常常超过时间，在我严令他交还手机时，他就大发脾气，甚至摔东西，还用明天不去上学了威胁我们。有一次，我和他因为手机的事情冲突很激烈，他大哭："你们什么都不懂！游戏是唯一让我开心的事情！"我不明白了，他是手机上瘾了？还是怎么了？怎样能够让他戒掉手机游戏？

心理视角 贪婪的多巴胺

　　大脑能够合成和释放很多化学物质，其中最著名的就是多巴胺了。它负责传递兴奋和开心的信息。大脑内有奖赏系统，是一组与愉悦、动机和学习相关的神经回路，使人产生快感、兴奋及记忆的精神效应，并促使个体重复能产生这种精神效应的行为，调节我们对各种刺激的反应和偏好。网络游戏能够刺激大脑奖赏系统，促进奖赏系统中多巴胺的释放，使人产生强烈的愉悦体验，在心理和行为上得到满足，并产生重新获得这种愉悦的渴求，进而导致对网络的依赖。

家长工具箱 读懂沉迷背后的原因

　　● 错误案例

　　"你就是沉迷游戏！以后别想再玩了！"

　　当父母看到孩子拿着手机放不下来，心急如焚，认为所有的错误都来自手机，手机成了"替罪羊"。但这样沟通，会让孩子更加逆反，认为父母不理解自己，只会用暴力、批评的手段对待自己。

　　● 高情商沟通

　　▲ 表现对孩子行为变化的好奇："我发现你最近玩游戏的时间变长了，我们可以聊聊你的感受吗？"

▲ 了解孩子对自己行为变化的看法："你有没有发现你现在玩游戏的时间有点长？能告诉我发生了什么吗？"

▲ 表达想跟孩子一起想办法正确对待手机游戏："我们一起看看怎样做让你仍然能够使用手机，同时还能对其他活动展现兴趣？"

● 有效行动指南

▲ 如果孩子遇到的是人际关系问题，如在现实生活中没有同伴，或被欺凌，被孤立，应及时帮助孩子解决问题，给予相应的支持，教会孩子合适的人际交往策略及应对措施，必要时寻求老师的帮助。

▲ 如果孩子存在时间管理问题，与孩子一起制定"游戏契约"，比如完成作业后可以玩 30 分钟，周末能够先完成家庭活动就可以玩 1 小时等，运用奖励的方式肯定孩子的守约行为，用减少游戏特权的行为"惩罚"孩子的失信行为。

▲ 如果孩子有学习困难或情绪困扰等，需要及时寻找专科医生评估。

▲ 还可以引导或陪伴孩子参与一些活动，如运动、棋类、手工等，帮助孩子找到游戏以外的兴趣，教授孩子深呼吸放松法等压力调节技巧。

养育关键词　增加亲子互动

电子产品逐渐成为人们学习、工作、生活中必不可少的工具，家庭是孩子重要的成长环境，父母的养育方式、有效的监督能力、和谐的家庭关系都能影响孩子的电子产品使用习惯。父母要以身作则，避免自身过度使用电子产品，引导孩子科学正确地使用电子产品，帮助孩子养成健康的电子产品使用习惯，适度陪伴孩子，丰富家庭生活，增加家庭亲子互动与户外活动，增强家庭成员之间的情感联结，通过丰富的文化娱乐生活让孩子获得愉悦感，产生多巴胺，避免电子产品成为情绪依赖的出口。

小贴士

　　家长可以与孩子共同参与他的兴趣，如与他一起讨论游戏，但同时引导他接触更多线下活动。

创伤后应激障碍：
重新获得安全感

场景重现 ☉ 睹意外

上周末带孩子出去玩看到路上围了些人，孩子凑过去看，只见一个满是鲜血的人躺在地上，一辆电瓶车倒在旁边，不远处还有一辆汽车。孩子当时就愣在了那里，然后看着救护人员把受伤的人抬上救护车。等救护车呼啸驶去，人群散开，孩子才晃过神来。一路上，孩子都沉默不语。我看得出孩子吓坏了，就买了他喜欢吃的冰淇淋安慰他，他却没有往日的神采，我们就赶紧带着孩子回家了。回家后，他就在自己房间里，晚饭也吃得很少。我安慰他，告诉他不怕，那个人已经被救治了。我安顿好他睡着才离开，但没一会儿他就尖叫着醒来，哭着跑到我们房间，说："我做梦梦到车祸了……"我抱着孩子，很心疼，但真不知道怎么安慰他："他是不是被吓坏了？这样的噩梦会不会一直持续？我要怎么帮他摆脱恐惧？"

心理视角 创伤后应激障碍（PTSD）

创伤后应激障碍（Post-Traumatic Stress Disorder, PTSD）是指受到极端威胁或恐怖的事件后可能发生的障碍。创伤事件可以是直接经历创伤性事件，如自然灾害、事故、刑事暴力、虐待等，或者是目睹发生在他人身上的创伤性事件，或获悉亲密的家庭成员或朋友身上发生的创伤性事件，或反复经历或极端接触创伤性事件中的细节。其会：造成极度恐惧与无助，引起创伤事件或体验反复出现；回避使人想起创伤事件的活动、情境或人物；产生高度的警觉性。

大脑中的杏仁核与恐惧情绪高度相关，它在恐惧调节和情绪事件记忆中起着关键作用。当儿童经历创伤性事件时，杏仁核高度活跃，对恐惧性反应过度增强，失去理智，反复重现恐惧画面，下达"战斗"（高度警觉）或"逃跑"（回避）的指令。

家长箱 倾听与观察

● **错误案例**

"别想那么多，睡觉吧。"

孩子脑海中对创伤事件的回忆并不是他自己能够控制的，"虽然不想想，但却不停想"。这样回应孩子，会让孩子压抑自己的感受，感到更加的无助。

● **高情商沟通**

"我知道这件事让你害怕了，你愿意和我聊聊你当时看到的情景吗?"

父母的回应，能够第一时间给孩子安全的感受。让孩子知道此时有父母的陪伴，父母能理解他的害怕与无助，父母用支持性的语言安慰孩子，倾听并共情孩子的感受，给他提供安静舒适的环境，陪伴孩子渡过困难。

有时孩子不能表达创伤情境，父母可采用"分步回顾法"。通过温和的方式，安抚孩子的情绪，耐心等待孩子，不催促，逐渐引导孩子慢慢回忆细节，允许孩子通过绘画或游戏的方式，重新描绘创伤现场，然后逐步引导他画出或玩出"安全的结局"，让他从被动回忆变为主动控制记忆，减少恐惧感。这个过程可能半小时，可能几天，也可能几周。帮助孩子重新掌控生活，重建规律作息，及早恢复生活，让生活正常化，而稳定规律的生活也可以给孩子提供安全感。

如果孩子的噩梦持续4周以上，或者出现回避出门、过度警觉、反复玩创伤主题的游戏、极端情绪或容易发脾气等症状，建议寻求专科医生或心理咨询师的帮助。

**养育
关键词** **做孩子的后盾**

孩子在经历突发事件后，往往感到害怕与无助，有可能这些事件对成人而言并非强烈的应激源，但对于儿童来说，却足以引起或发展成 PTSD。有时甚至成人并不知道孩子经历过创伤。因此，儿童需要父母给予情感的支持，并帮助他们重新建立安全感，而不是简单地被告知"不要害怕"。而安全感的建立并不是一朝一夕的事，它需要父母允许儿童表达害怕，给予儿童稳定的照顾，但又要避免过分迁就，鼓励儿童表达所经历的痛苦和反应，鼓励他们采用积极的想法替代消极的想法，增强自信心，提高自我控制的能力。

小贴士

　　孩子的噩梦不是"作"出来的，而是大脑在处理恐惧，家长可以通过陪伴、倾听和帮助孩子创造安全感，来减少这种影响。

参考文献

［1］阿尔弗雷德·阿德勒. 心界大师经典书系自卑与超越［M］. 李旭妍, 译. 北京: 中信出版集团, 2023.

［2］林萃芬. 青春期, SOS!: 给青少年父母的情绪、学习、教养对策［M］. 台北: 亲子天下出版社, 2014.

［3］苏绚慧. 陪孩子走过青春期: 写给爸妈的情绪练习与对话攻略［M］. 台北: 天下文化出版社, 2020.

［4］杨志强, 曾君瑜. 科尔伯格道德发展理论及其应用［J］. 社会科学前沿, 2022, 11（4）: 1403-1408.

［5］ABLOW J C, MEASELLE J R, KRAEMER H C, et al. The Impact of Maternal Depression on Adolescent Emotional Development［J］. Development and Psychopathology, 2009, 21（2）, 439-456.

［6］BONANNO B, GEORGE A, BURTON C L. Regulatory Flexibility: An Individual Differences Perspective on Coping and Emotion Regulation［J］. Perspectives on Psychological Science, 2013, 8（6）: 591-612.

［7］CAMILLE M, O'CONNOR J A. An Analysis of Leon Festinger's A Theory of Cognitive Dissonance［M］. Milton: Macat Library, 2017.

［8］DIAMOND A. Executive Functions［J］. Annual Review of Psychology, 2012, 64（1）: 135-168.

［9］Morvan C, O'Connor J A. An Analysis of Leon Festinger's A Theory of Cognitive Dissonance. London: Macat Library, 2017.

［10］FESTINGER L. A Theory of Cognitive Dissonance ［M］. Stanford, CA: Stanford University Press, 1957.

［11］GOTTMAN J, DECLAIRE J. Raising an Emotionally Intelligent Child: The Heart of Parenting ［M］. New York: Simon & Schuster, 1997.

［12］GROTBERG E. A Guide to Promoting Resilience in Children: Strengthening the Human Spirit (The International Resilience Project) ［R］. The Hague: Bernard van Leer Foundation, 1995.

［13］HAVIGHURST S S, KEHOE C E. Tuning in to Kids: Emotionally Intelligent Parenting Programs for Promoting Children's Emotion Regulation and Mental Health ［J］. Australian Psychologist, 2017, 52 (3): 185 – 192.

［14］HUNTER E C, O'CONNOR C, TOPPING K. Parents' Roles in Adolescents' Emotional Development: A Review of Current Research ［J］. Child and Adolescent Mental Health, 2021, 26 (2): 123 – 130.

［15］KAGAN J. Temperament and the Reactions to Unfamiliarity ［J］. Child Development, 1997, 68 (1): 139 – 143.

［16］KATZ L F, MALIEN A C, STETTLER N M. Parental Meta-Emotion Philosophy: A Review of Research and Theoretical Framework ［J］. Emotion Review, 2012, 4 (4): 367 – 380.

［17］KEHOE C E, HAVIGHURST S, HARLEY E. Tuning in to Teens: Improving Parent Emotion Socialization to Reduce Youth Internalizing Difficulties ［J］. Journal of Child and Family Studies, 2014, 23 (3): 558 – 567.

［18］MARIAM A, ARAIN C, MALIHA A, et al. Maturation of the

Adolescent Brain [J]. Neuropsychiatric Disease & Treatment, 2013, 9 (1): 449 - 461.

[19] MORRIS A, SILK J S, STEINBERG L, et al. The Role of the Family Context in the Development of Emotion Regulation [J]. Social Development, 2007, 16 (2): 361 - 388.

[20] SANDERS R, RALPH A. Parenting and Family Adjustment Scales (PAFAS): Manual [M]. Brisbane: Parenting and Family Support Centre, The University of Queensland, 2014.

[21] STEINBERG L. The 10 Basic Principles of Good Parenting [M]. New York: Simon & Schuster, 2004.

[22] ZHOU Q, EISENBERG N, WANG Y. Reconsidering the Impact of Parenting on Emotion Regulation: Cultural and Contextual Considerations [J]. Developmental Psychology, 2020, 56 (6): 1061 - 1076.